赖文斌 编著

赣鄱典籍英译教程

U0366434

上海交通大学出版社
SHANGHAI JIAO TONG UNIVERSITY PRESS

内容简介

本书主要内容是与赣鄱大地相关的典籍翻译教程,主要包括典籍作者是江西的,或写江西的典籍,如欧阳修的散文、汤显祖的戏剧、朱熹汇编并集注的《四书》、朱熹、王阳明为代表的宋明理学等。全书分为十章,每章由三节组成,第一节介绍相关典籍的情况及翻译历史;第二节为经典译本赏析;第三节为翻译练习。本书适合英语、翻译专业本科生和研究生使用。

图书在版编目(CIP)数据

赣鄱典籍英译教程 / 赖文斌编著. -- 上海 : 上海交通大学出版社,2025.1. -- ISBN 978-7-313-32087-2

Ⅰ. H315.9

中国国家版本馆 CIP 数据核字第 2025KR3352 号

赣鄱典籍英译教程

GANPO DIANJI YINGYI JIAOCHENG

编 著:	赖文斌		
出版发行:	上海交通大学出版社	地 址:	上海市番禺路 951 号
邮政编码:	200030	电 话:	021 - 64071208
印 制:	上海景条印刷有限公司	经 销:	全国新华书店
开 本:	710 mm×1000 mm 1/16	印 张:	12
字 数:	238 千字		
版 次:	2025 年 1 月第 1 版	印 次:	2025 年 1 月第 1 次印刷
书 号:	ISBN 978 - 7 - 313 - 32087 - 2		
定 价:	68.00 元		

■ 前言

在人类文明的长河中,典籍作为知识的载体和智慧的结晶,承载着丰富的历史、文化和哲学思想。它们不仅是一个民族的宝贵遗产,也是全人类共同的精神财富。在当今全球化的时代,不同文化之间的交流与理解变得愈发重要。典籍作为一个文化的精髓,承载着丰富的历史、价值观和智慧,典籍翻译不仅仅是语言的转换,更是文化的传递与沟通。然而,由于语言和文化的差异,这些典籍往往难以被不同语言背景的读者理解和欣赏。因此,典籍翻译工作尤为重要。

典籍翻译旨在为那些致力于将古代智慧传播给更广泛读者的翻译者提供指导和帮助。中华典籍名目繁多,难以梳理,本书取名为《赣鄱典籍英译教程》主要有以下几点考虑:一是赣鄱大地物华天宝,人杰地灵,在中国历史上涌现了大量经典流传的典籍,其中有些典籍影响了中国思想发展;二是教学本地化需要,笔者在南昌大学进行教学的过程中认为学生有必要了解自己生活或学习的这片土地上的典籍,应该为讲好江西故事做出自己的贡献。因此,本教程选择的典籍有些是江西籍学者编撰的,有些是与江西有关的典籍。其内容包括古典散文、骈文、戏剧、"四书"、朱子学和阳明学,其中"四书"虽然与江西无关,但是由江西大儒朱熹编撰的,并影响了一代代中国人。以朱子学和阳明学为代表的宋明理学在江西这片土地上发展和繁荣,得到了很好的传承,涌现了很多大家,在中国思想史上具有十分重要的意义和地位。

本书分为几个部分:典籍的相关知识和翻译史的介绍;经典译本的比较与赏析,探讨不同时期的不同译者对典籍的理解和诠释,从而为新时代如何做好典籍的诠释和翻译提供思路;选取每章相关主题的典籍作为翻译练习,并对一些重点词汇做了注解,方便读者理解。在翻译的道路上,每一位译者都是探索者和创造者。本书既可以作为英语相关专业高年级本科生和翻译专业硕士研究生的教材,也可以为典籍翻译爱好者自学提供参考。笔者希望本书能够成为译者在典籍翻译领域的良师益友,既可以让读者了解如何在翻译过程中保持典籍的原汁原味,又可以在内容上贴近读者的心理和审美需求,帮助他们跨越语言的界限,将古代典籍的智慧传递给世界。同时,笔者也希望本书能够激发读者对典籍翻译的兴趣和热情,为广大翻译工作者提供实用的指导和启发,共同助力典籍的跨文化传播与理解,为文化交流添砖加瓦。

赖文斌

2024 年 7 月 26 日

■ 目录

第一章
典籍翻译概论

第一节　典籍翻译需要明白的几个问题

一、为何译：为什么要开设典籍翻译课程

近年来，随着中国与世界的交流日益频繁，典籍翻译的重要性日益凸显。典籍承载着国家的文化基因和智慧财富，开设典籍翻译课程具有多方面的意义和价值。

（一）国家战略的需要

党的二十大报告明确指出："增强中华文明传播力影响力。坚守中华文化立场，提炼展示中华文明的精神标识和文化精髓，加快构建中国话语和中国叙事体系，讲好中国故事、传播好中国声音，展现可信、可爱、可敬的中国形象。加强国际传播能力建设，全面提升国际传播效能，形成同我国综合国力和国际地位相匹配的国际话语权。"开设典籍翻译课程对于促进跨文化交流和提升国际传播效能具有积极作用。在全球化的今天，跨文化交流越来越频繁，典籍翻译是促进不同文化之间相互了解的桥梁之一。一方面，通过典籍翻译，不同国家和地区的人们可以更好地理解和欣赏彼此的文化，增进友谊和合作。这有助于减少误解和偏见，促进和谐稳定的国际关系。"为中华文明参与世界文明的交流互鉴提供了学理支撑和实践指导，是中国文明观，也是中华文化国际传播新格局构建

的理论依据。"①另一方面,通过典籍翻译,可以提炼那些展示中华文明的精神标识,展示良好的中国形象,深化文明交流互鉴,是"中国文化走向世界、实现中西文化对等交流、达到世界文化融合的一条重要途径",②能够构建中国话语体系,推动中华文化更好地走向世界。

(二) 学科发展的需要

典籍翻译需要具备广博的文化素养和深厚的语言功底。2019 年,国家提出新文科建设,这里的新文科更多的是指人文社科,是一种跨学科建设。外语专业如何进行新文科建设? 中国典籍包括经史子集,包罗万象,其文本本身就是一种跨学科内容,如果要进行翻译,就一定要具备跨学科知识。通过研究典籍,学生可以学习到丰富的词汇和翻译技巧,培养文字驾驭能力和语言表达能力。这对他们未来从事翻译工作或进行相关领域的学习和研究都具有重要意义。此外,开设典籍翻译课程还可以培养学生的阅读能力和思辨能力,提高学生对文本的理解和解读能力,为个人成长和职业发展奠定基础。

(三) 文化自信的需要

开设典籍翻译课程可以帮助学生更好地了解和传承中华文化。中国几千年的历史包含了丰富多样的典籍作品,其中凝聚着人类深思熟虑的智慧和对生活的领悟。许多典籍作品承载了中国博大精深的传统文化,但由于年代久远,这些文化遗产正在逐渐消失。通过将典籍翻译纳入课程设置,可以提高人们对文化遗产的重视程度,促进典籍的保护和传承工作。通过典籍翻译课程,学生也能更加深入地思考和理解国家的文化底蕴,提高民族自信心和文化认同感。然而,因为语言和时代的限制,这些典籍并没有被全球读者充分了解。通过典籍翻译的学习,人们可以将典籍中的思想和价值观传播到世界各地,增进不同文化之间的相互了解和对话。

---

① 张恒军. 在文明交流互鉴中构建中华文化国际传播新格局[J]. 对外传播,2022 (09):12-15.

② 王宏印. 中国文化典籍英译[M]. 北京:外语教学与研究出版社,2009:1.

综上所述，开设典籍翻译课程在当下具有重要的意义和价值。它不仅有助于传承和弘扬国家的文化，提高学生的翻译水平和文化素养，促进跨文化交流，还有助于保护和传承国家的文化遗产。只有通过不断推进典籍翻译的教育和研究，才能更好地传递和发扬典籍中蕴含的智慧和艺术，让中国的文化瑰宝闪耀于世界舞台。

二、译什么：究竟选择哪些典籍来进行翻译

典籍一词最早出现在《汉书·艺文志》中，指的是古代的经典书籍。后来，典籍逐渐成为评价一本书重要性和影响力的词语。在《辞海》中，典籍的定义为：国家重要的文献，亦统称各种典籍、书籍。至于哪些是重要文献和书籍，有学者认为，主要是中国的社会科学、自然科学等各个领域的典籍作品，不仅包括中国古典文学作品，而且包括中国古典法律、医药、经济、军事、天文、地理等多方面的作品①。

中国的典籍浩如烟海，源远流长，它是中华民族几千年文化的重要载体，也是炎黄子孙继承文化传统的重要依据。中华文化历经几千年的历史演变和历史文献与经验的积淀，通过经史子集四大门类的书本知识，以及文字记载、文物发现和人类学比照三重证据的考证，基本上能反映传统国学的义理之学、辞章之学、考据之学、经世之学等各个方面的思想和成就。而且，在每个历史时期都有不同的典籍重点，比如最初阶段有上古神话和先秦寓言、《诗经》及《楚辞》、先秦诸子百家争鸣的思想观点以及司马迁的《史记》等；随后有魏晋文学传记和《文心雕龙》等文论，进而有唐诗宋词、两宋散文及元散曲与杂剧等；再后来有明清小说等。也就是说，典籍翻译的对象除了经史子集，特别是儒家经典外，更包含小说、诗歌、戏剧、哲学等各个门类。需要说明的是，典籍并非一定是长篇，有些短篇也是传世之经典，在历史上产生过重要影响。

正如上文提到，中国典籍浩如烟海，种类繁多，在一本教材里无法一一

---

① 汪榕培，王宏. 中国典籍英译［M］. 上海：上海外语教育出版社，2009：1.

涉及和呈现。在外语界,有学者认为,典籍似应界定为中国清代末年(19世纪中叶近现代汉语分界处)以前的重要文献和书籍为宜①。在赣鄱大地上曾经涌现出一大批影响中国文化走向和流芳百世的典籍,为此,为结合江西的本地特色,反映江西悠久的历史和丰富的文化,笔者将集中赏析一些产生于赣鄱大地的典籍译本。为了兼顾不同的典籍类型,笔者选择了不同类型的典籍进行翻译,以便更好地推动中国文化走出去。

三、如何译:翻译的标准是什么

如何翻译典籍,即典籍翻译的标准是什么,这既是典籍英译理论与实践,乃至整个翻译理论与实践的核心问题,也是翻译理论研究与翻译批评的中心议题。林煌天在《中国翻译辞典》里指出:"翻译标准是翻译活动必须遵循的准绳,是衡量译文质量的尺度,也是翻译工作者应该努力达到的目标。但是,翻译界对此还没有完全一致的定论。"②中国翻译界既有"50年直译、意译之争",也有"50年'信达雅'之争",而对典籍英译标准更是没有系统和统一的说法,大多散见于一些翻译家、翻译理论家的译作或外语期刊的述著论文中。这些论说或是译者翻译实践的经验总结,或是翻译的个案研究,或是某个译家介评,或是某个译本的得失分析及不同译本的比较等。

早期一些传教士、汉学家在译介中国典籍时提出了各种翻译标准或翻译原则,如理雅各在翻译《中国经典》时把翻译的忠实标准放在首位,即对原文的忠实,要超出对于行文雅致的关注(faithfulness to the original Chinese rather than grace of composition)。辜鸿铭在《中国人的精神》中多次强调典籍英译的整体把握和风格传神,并以此两条翻译标准作为考量典籍英译的效果。他指出,理解和研究一部典籍,乃至理解整个中国文学,必须把它当作一个整体(a connected whole)来理解。林语堂则指出,翻译的标准问题大概包括三方面:第一是忠实标准,第二是通顺标准,第三是美的标准。在大

---

① 杨自俭. 对比语篇学与汉语典籍英译[J]. 外语与外语教学,2005(07):60-62.
② 林煌天. 中国翻译词典[C]. 武汉:湖北教育出版社,2005:167.

量典籍英译实践的基础上,汪榕培提出了传神达意的典籍英译(尤其诗歌)的翻译标准。关于诗歌翻译,他指出:"要说我自己的翻译标准,我在几年前的一篇文章里写过,只有四个字——更确切地说是一条四字成语——'传神达意'"。①

　　典籍翻译因为文本的特殊性,其翻译标准也具有独特性。首先,典籍文本的语言文字多为文言文,其语言表达与现代汉语有很大的区别,对其翻译需要进行语内的转换。其次,典籍文本的权威性存在不确定因素,由于时间的关系,很多典籍文本有不同的版本,不同版本之间有些词句存在出入,这给翻译带来了困难。再次,对典籍的阐释具有间接性,文本所依存的语境已经完全流失,翻译需要更加仔细地甄别和思考。因此,我们认为,典籍的翻译一定要从原文出发,以原文为本,服务于译文读者,做到忠实、通顺,既要有典籍文本的整体性,又要具有时代阐释创造性。一方面,不同时代、不同文化背景的不同译者往往有不同的翻译理念和不同的读者群,应采取不同的翻译标准和翻译策略;另一方面,不同的译文读者对典籍阅读的需求不同,针对不同读者应采取不同的翻译标准和翻译策略。

第二节　典籍英译的难处

　　中国典籍是中华民族优秀文化的主要传承方式和重要载体,它的翻译质量与对外传播效果决定了中国文化在国际社会的影响力,进而影响中国文化"走出去"的成效。实际上,由于中国典籍浩如烟海、种类和数量庞大,给翻译工作带来了很大的困难,而且翻译本身就不是一件易事,它既有对译者的要求,也有对语言的要求,更不必说要翻译十分久远的典籍文献。正如国内学者所言,翻译中国古典作品的难处在于:要对原文文本进行深入细致的研究,(1)要具有深厚扎实的汉语文字功底;(2)要拥有中国历史和中

---

① 汪榕培. 比较与翻译[M]. 上海:上海外语教育出版社,1997:119.

国文化丰富的知识;(3)要具有很强的英语写作能力①。具体体现在以下几个方面。

一、典籍中术语概念的确立

　　核心术语是中国典籍的一大特色,古人写文章都十分谨慎,一字一词都需要经过精雕细琢,没有任何废言,由此造成许多概念、含义的模糊不清和术语运用的不确定性,从而成为典籍英译的难点。

　　首先,中国典籍中的基本术语和概念的含义十分丰富,难以通过上下文给出完整而确切的印象。因此,无论随文注释(包括专有名词、专门术语、典故的注释)和翻译(音译、意译、音译兼意译)多么复杂且完备,都不能给人以完整而深刻的印象。例如,体现宋明理学核心思想的基本术语"理",往往被意译为简单的"Principle"或"Fate",或者依据基本原理和上下文分别译为"Universal law"或"Natural law",有译为"pattern"和"coherence"等的,也有音译成"Li"等。又如孔子一生矢志不移地追求真理,谈到自己的这一志向时,他说:"朝闻道,夕死可矣。"汉学家 Arthur Waley 将其译为"The Master said, In the morning, hear the Way; in the evening, die content."与原文相比,译文似乎尚为对应,但仔细推敲,则不免感到似是而非。将"道"译作"Way"很值得推敲。"道"在中国古籍及诸子论著中涉及颇多,其内涵极为丰富,其外延亦极为宽广,将其译作"Way"显然过于轻浅。而将"闻道"译作"hear the Way"则更觉虚无缥缈。这里的"闻"实际上是"懂得"的意思。相比较而言,辜鸿铭先生对孔子这句话的翻译就比较符合原文之意:Confucius remarked, "When a man has learnt wisdom in the morning, he may be content to die in the evening before the sun sets."当然,辜鸿铭的译文也有值得商榷之处。实际上,孔子所说的"朝闻道,夕死可矣"是自我激励之辞,并非是对他人的说教。因此,将其译作"When a man has learnt wisdom"云云,听起来似乎是教主训导信众的腔调,而非圣人自勉之

---

①　汪榕培,王宏. 中国典籍英译[M]. 上海: 上海外语教育出版社,2009: 7.

辞。另外，"to die in the evening before the sun sets"亦即有怪异之处，既是"in the evening"，又加上"before the sun sets"，似有画蛇添足之嫌，因为"evening"就是指从日落至就寝这段时间。

其次，汉字的独特性孕育了许多富有特色的修辞方式和认读方式，这些修辞方式和认读方式在很大程度上塑造了汉语的面貌，对汉语的遣词、造句和谋篇有着深刻的影响，使汉字呈现出明显的表里关系。也就是说，有关典籍基本概念、论述方式和行文风格与其承载的内容之间的关系，就是表层与深层之间的关系。对不甚了解这些问题的译者来说，要理解这一点是困难的，因此也就无法正确判断其能指与所指，从而经常产生望文生"译"的情况。如《论语》中的"子曰：'自行束脩以上，吾未尝无诲焉。'"在这里孔子的意思是，带上一束干肉来拜他为师的人，他没有不教的道理。按古语的意思，这句话中的"束脩"指的是一束干肉。这是古代拜师最低的礼物。孔子虽然贵为圣人，但毕竟不是不食人间烟火的神仙，因此办学也是要收取学费的。所以 Arthur Waley 在其翻译的《论语》(The Analects of Confucius) 中将这句话译为"The Master said, 'From the very poorest upwards—beginning even with the man who could bring up no better present than a bundle of dried flesh—none has ever come to me without receiving instruction.'"辜鸿铭更将其解释性地意译为："Confucius remarked, 'In teaching men, I make no difference between the rich and the poor. I have taught men who could just afford to bring me the barest presentation gift in the same way as I have taught others.'"但在某出版社出版的英文版《论语》(Analects of Confucius) 中，这句话的翻译却是另一个版本：Confucius said, "I never refuse to teach those fifteen-year old children who are reaching adolescence."译者将"束脩"理解成"束发修饰"，因为古代男子 15 岁左右即束发为髻，开始接受教育。

可见，在典籍英译的过程中，语言载体由汉语变为英语，必然对翻译修辞带来极大的挑战，这也是典籍英译的难点之一。为此，王宏印先生呼吁，在典籍翻译中首先要探索关键词语的语源，以便确立基本术语的语义内涵和所指外延。在此基础上，再进一步结合术语的语用情况以及和其他术语的相互关系，划分术语的使用范围，建立包括下位术语在内的整个术语系统

（terminology）。这是理论性较强的学术性典籍翻译的基础性、框架性的工作，是关系到整部典籍翻译水平和质量的根本性的基础建设①。

二、典籍中意境的把握

意境是中国古典美学的重要范畴，它是指抒情性作品中呈现的那种情景交融、虚实相生、活跃着生命律动的韵味无穷的诗意空间，它是构成艺术美的不可缺少的因素。"意境"一词最早见于唐代王昌龄的《诗格》，王国维《人间词话》中提出的"境界说"集前人论述之大成，将"意境"问题归结为系统的理论。意境是创作者的主观情思与客观景物相交融而创造出来的浑然一体的艺术境界，是中国文论和美学的灵魂，其基本构成是情景交融。意是人意，境是物境。人意与物境相贯通，相生发，人能体物情，物能达人意。典籍的创作者因历史情境的原因，其创作典籍的情景已经无法被准确把握，因此，如何原汁原味地传递典籍中的审美意境的韵味就成了典籍翻译的一个难点。更为重要的是，意境不但和汉语文字的"形"和"意"相关，同时跟它们的音韵、节奏等密切相关。即使用现代白话文去传达典籍中意境已经相当不容易了，更何况用英语表达。

我们知道，中国典籍言简意赅，特别是一些诗词、戏剧，其意境特别丰富，其文词本身往往就具有美感，往往因情生文。凡是具有意境的作品都是"含不尽之意在于言外"的作品，尤其是在古典诗歌中。诗歌创作离不开意象，意象是诗的基础；组合意象的目的是创造出"意与境谐"的艺术境界。诗人创作时可能是因为外物的感触忽有所思，从而将主观情志融入其中，移情入境，或寄意于境，"感时花溅泪，恨别鸟惊心"；又或是意境相生，意与境相吻合、相统一，"月落乌啼霜满天，江枫渔火对愁眠"。像这样的意境，如何将其体认和翻译建构在一个知性的认识体系中，对任何一个译者来说都是困难的。杨振宁教授曾表示，中国的文化是向模糊、朦胧的方向走，而西

---

① 王宏印.（画语录）注译及石涛画论研究［M］.北京：北京图书馆出版社，2007：328－329.

方的文化是向准确而具体的方向走。可以说，"意境"基于中国人独特的空间意识、精神基调与文字，通过虚实相生、"心—脑—境"的合一而创造出来的一种审美体验和想象空间。在翻译实践中，只有把握了"意境"的含义，才能对"意境"的译名进行剖析和改进，才能较好地转存原文鲜明、生动、富于情味的物境。对许多英语思维中不存在的意象及说法，译者该如何处理才可以使其意义和文化皆得以保存，这是对译者的又一次考验，也构成典籍英译的又一个难点，需要跨越时间去沟通。

三、中英语言能力的精通

典籍翻译是一项深入、细致、缜密的语言转换活动。除了上述客观的难处外，典籍翻译对译者的语言基本功和文化素养要求更高，没有扎实的语言基本功、没有厚实的文化底蕴，难以担当翻译重任。更为重要的是，翻译虽然是一项语言转换活动，但这种语言转换活动并非机械性的，而是具有创造性的。一篇好的译文既能充分体现译者的语言水平，又能充分体现其创造性。虽然现在有人工智能的帮助，但是机器翻译后还是需要人为翻译。这就牵涉到一个更为重要困境或难处——译者中英语言能力的精通。这里的精通包括对文化差异的理解、语言习惯的转换、古代文字的解读和诠释等。此外，典籍可能涉及特定时代的历史背景、宗教文化等，翻译时需要考虑这些因素。

语言能力指运用某种语言的人在字、词、句、段、篇章等不同层次上运用该语言的能力，包括语法运用以及话语组织能力。《文心雕龙》（三十四）称："因字而生句，积句而成章，积章而成篇；篇之彪炳，章无疵也；章之明靡，句无玷也；句之菁英，字小妄也。"深厚的双语功底对做好典籍翻译是必不可少的。许多人往往忽视了这一点，认为汉语就是自己的母语，凭借自己的语言功底应付翻译中的问题应该绰绰有余了。然而在翻译实践中，人们常常出现理解上的偏差，从而影响了翻译的准确性。在典籍翻译中，经常出现以下几个问题：（1）英语中缺乏对等词（equivalent），如前面说的"理"和"道"，还有"仁"等；（2）词语的多义和歧义，虽然词语的多义与歧义历来有之,但典籍中的多义与歧义更会令译者困惑。时空差距大、文化差异大会造成语义模糊而又无法查证、难以表达,如"独乐乐,不如众乐乐"一句中的"乐";(3)古今、通假和词能消长的情况,典籍中通假字很多,不明白通假词就会误译,如"八月剥枣"(《诗经·七月》)中"剥"就是通假字,剥者,击也,如果没有这方面的语言积累,很容易产生误译。同时,典籍翻译也需要很强的英语语言能力,这既包括丰富的词汇量,也包括全面的英语语法知识和语感。没有丰富的词汇量,会迫使译者不断地查阅词典,大大降低翻译的速度,也影响翻译的准确性。没有较好的英语语法和修辞知识,那么在翻译时,译者尽管理解了汉语原文,却无法组织像样的英语译文,更谈不上地道的英语译文。

我们翻译典籍的过程实际上就是在对外传播中国文化和中国形象,应在译文中努力保持这些独特的语言和文化标记,这样才能在跨文化交流中始终保持中华文化固有的色彩和形象。与此同时,译文应该符合英语的语言表达,让译文读者能够读懂所表达的含义。这需要译者精通中英两种语言,需要不断地学习。

第三节　典籍英译简史

典籍翻译的历史可以追溯到早期传教士的交往和我国与欧洲国家的贸易往来,由于地理位置的原因,早期的典籍并非译入英语。马祖毅认为,最早的汉籍外译发生在我国南北朝时期,大约在公元508年到公元534年间,当时的天竺僧人菩提流支将中国的《大乘章义》译成梵文。一直到唐代,典籍外译的对象主要集中在佛经。14世纪初,典籍外译的对象扩大至不同类型的文本,包括历史、医学、药物等方面的典籍,如孙思邈的《千金要方》在元代被译成波斯文。到了15、16世纪,随着亚洲国家,如越南、朝鲜自身文字系统的成熟,中国典籍也随之译入这些国家,对这些国家的文字和文化发展都产生了深远的影响。

然而,典籍英译开始的时间相对较晚,早期的英译多是欧洲语言的转译，如利玛窦（Matteo Ricci）、柏应理（Phillippe Couplet）等人将"四书"翻译为意大利语和拉丁语等。直接将汉语译为英语开始于 19 世纪初，英国的一些新教传教士进入中国，开始学习并翻译中国的典籍。回顾典籍英译史，在过去两百多年中，其队伍主要由三部分人组成：一是传教士，二是海外汉学家，三是包括海外华裔译者在内的中国译者。依据这些翻译群体，大致典籍翻译可以分为三个阶段，每个阶段都有其自身的特色和代表人物。其中，第一阶段为 19 世纪至 20 世纪初，以英国为中心；第二阶段为 20 世纪，以美国为中心；第三阶段为 20 世纪末至 21 世纪初，随着中国国力的增强，逐渐转变为以中国为中心。前面两个阶段主要以译介为主，现阶段发展为翻译和研究并重。

19 世纪是中国与西方相互认识的一个世纪，传教士和外交官忠实地翻译了中国的文化典籍，一般采用"厚翻译"（thick translation）策略，以展现一个真实的中国，实际上，这只是他们所阅读文献里的中国。他们所选择的翻译对象以中国典籍为主。他们的活动和译介对欧洲初始汉学（proto-sinology）的创立和"中国风"（chinoiserie）的流行，起了十分重要的作用，如德庇时（John Francis Davis，1795—1890 年）翻译的《好逑传》（*Hao Ch'iu Chuan*）和《汉宫秋》（*The Sorrows of Han*）；第一位系统研究、翻译中国古代经典的英国著名汉学家理雅各（James Legge，1815—1897 年）从 1861 年到 1886 年的 25 年间，在中国学者王韬的帮助下，陆续翻译出版了中国的《论语》《大学》《中庸》《孟子》《春秋》《礼记》《书经》《孝经》《易经》《诗经》《道德经》《庄子》等名著，并将其取名为《中国经典》，共计 28 卷。其译本陆续出版后，在西方引起了轰动，于 1876 年获法兰西学院儒莲汉籍国际翻译奖（the First International Stanislas Julien Prize for Chinese Literature）；另外，翟理斯（Herbert Allen Giles，1845—1935 年）译有《中国文学瑰宝》（*Gems of Chinese Literature*）和《中国文学史》（*A History of Chinese Literature*）等。

到了 20 世纪，尤其是第二次世界大战后，西方汉学的中心转移到了美国。中国典籍英译也由原来的译介为主发展到翻译和研究并重，如伯顿·华兹生（Burton Watson，1925—2017 年）翻译了大量中国典籍，《庄子》（*The Complete Works of Chuang Tsu*）、《左传》（*The TsoChuan*）、《史记》（*Records of the Historian*），还有李白、白居易、苏轼、陆游等人的诗作，以及墨子、荀子、韩非子的部分作品，是西方当今享有盛誉的中日两种语言古典名著英译的专家。他的译文使用流畅的现代英语，既有高雅庄重的词语，又有口语词和俚语词，既优雅又平易；哈佛大学东亚系汉学家宇文所安（Stephen Owen，1946 年—）翻译了大量的中国文学经典，并主持了"中华经典文库"的建设，其翻译的文学经典包括初唐诗、盛唐诗和晚唐诗 700 余首，《李清照集》《河岳英灵集》《颜氏家训》以及杜甫诗歌的首部英文全集《杜甫诗集》。与此同时，有一批中国人用不同形式来译介中国典籍，开始了一个中国人与外国人共译中国文化典籍的新局面，如辜鸿铭采用"以西释中"的策略阐述中国文化思想，曾出版《论语》和《中庸》等英译本；林语堂翻译《墨子》《镜花缘》《老残游记》《古文小品选译》《老子之智慧》《庄子》《中国著名诗文选读》《英译重编传奇小说》等；其中贡献最大的国内译者当推杨宪益夫妇，他们完成了上千万字的典籍英译作品，包括《诗经选》《离骚》《史记选》《关汉卿杂剧选》《水浒传》《西游记》《儒林外史》《聊斋志异》等多种古典文学作品。这其中也包括海外华人译介中国典籍，如夏志清、陈荣捷、成中英等在北美翻译的中国文学和哲学典籍。

20 世纪 90 年代以后，随着我国国际地位的提高，世界各地不断掀起"中国热"，迫切需要我们把更多的优秀文化介绍到国外去。就典籍英译的数量和品种而言，我国已经成为"翻译大国"。国家从战略层面开始有组织地翻译中国典籍。1990 年，由中国外文局（中国国际出版集团）与耶鲁大学出版社合作的《中国文化与文明》系列丛书项目开始启动，计划分成画册、中国文学名著、中国哲学思想 3 个系列，大约翻译并出版 70 种图书。1995 年，我国正式启动了《大中华文库》（汉英对照）工程。这是我国历史上首次系统、全面地向世界推出外文版中国文化典籍的国家重大出版工程，计划从我国先秦至近代文化、历史、哲学、经济、军事、科技等领域最具代表性的经典著作中选出 110 种。21 世纪初，国家先后启动了"中国图书对外推广计划"和"经典中国国际出版工程"，重点资助能代表中华文化的精粹和当代中国的文化成就的图书的翻译出版与对外传播。

党的十八大以来，以习近平同志为核心的党中央提出"讲好中国故事"

"中国文化走出去"战略,不断加强中外文明交流互鉴,典籍翻译迎来新的发展机遇和发展使命,中国典籍英译事业进入了蓬勃发展的新时期,也促使我国由原来的"翻译世界"转变成现在的"翻译中国",一大批典籍正源源不断地译为英语。中国需要了解世界,世界也需要了解中国,把中国典籍里的优秀历史文化介绍给世界,是我们翻译工作者义不容辞的责任。

思考题

1. 典籍翻译的意义是什么?
2. 典籍英译的基本历程是什么?
3. 你如何看待典籍英译的标准?
4. 党的十八大以来的典籍英译有哪些举措和成就?
5. 中外译者的典籍英译有什么不同?

第二章
古典散文英译

——《醉翁亭记》

第一节　古典散文及英译概述

散文在文学中占有重要地位,是众体之源,散文的萌芽可以追溯到商代。"散文"一词最早出现在南朝《文选·木华〈海赋〉》中:"云锦散文于沙汭之际,绫罗被光于螺蚌之节",其中"散文"的意思是"文采发散于外"。它以精致的结构、优美的语言、真挚的情感和灵活的表现手法受到人们的喜爱,成为"一切文体之根的艺术。①"

一、古典散文概述

散文是一个十分广泛的文学概念,"在中国古代,散文是杂文学的概念,是与韵文、骈文相对的一切散行文章的总称"。② 从大量典籍文献中可以看到,古人不但在讨论大事,如两国之间争论是非曲直、讨论政治措施、陈述政治意见等时要著文,即使日常事务也离不开写文章,如营造工程、修建祠庙楼阁、登临山水、送别友人、哀悼死者、勉励自己等。因此,从先秦到清末,中国古典散文有着悠久的历史和丰厚的传统。

---

① 贾祥伦. 中国散文美学发凡[M]. 济南:山东友谊出版社,1997:1.
② 张国俊. 中国艺术散文论稿[M]. 北京:中国社会科学出版社,2004:13.

　　我国古典散文的发展大致经历了以下几个发展时期。古典散文的发轫为先秦时期，由甲骨卜辞（刻在甲骨上记录占卜的文字）、易卦爻辞（解释卦相的语句）发展而来。这一时期思想最为活跃，政治环境最为宽松，言论最为自由。根据内容和形式的不同，散文可分为历史散文和诸子散文两大类。历史散文是以历史事件、历史人物为题材的散文，如《左传》《国语》《战国策》。诸子散文是伴随春秋战国百家争鸣局面的出现而产生发展起来的，这一时期散文发展迅速，文体大致齐备，是中国散文创作的第一个黄金季节，产生了《论语》《道德经》《孟子》《荀子》《庄子》《韩非子》等一大批见解独到、锋芒四射的"哲学散文"，使汉语说理、议论的功能得到了淋漓尽致的发挥。这和西方文化的源头古希腊文化在散文方面以哲学、论理起步有惊人的相似之处。东西方两大文化在散文方面皆以重"理"的哲学散文揭开了光辉的第一页。

　　两汉时期是散文蓬勃发展的时期。西汉早期，政论散文蓬勃兴起，内容多为政论和史论，形式为策（对政治上某种情形提出看法，通常献给地位高的人）、疏（臣下向君王分条陈述事情进言之一种文体）等，其特点是思想敏锐、直言时弊、文采飞扬，代表作品有贾谊的《过秦论》《治安策》和晁错的《论贵粟疏》。西汉中期，司马相如的散文比较突出，其特点是对仗工整。这一时期成就最高的是司马迁的《史记》。《史记》是我国第一部纪传体通史，开创了以人物为中心的史书编写体例，记载了从黄帝到汉武帝共 3 000 多年的历史，对后世的散文、小说、戏曲都产生了深远的影响，奠定了"史传散文"的不朽基业，被鲁迅评价为"史家之绝唱，无韵之《离骚》"。西汉后期比较著名的是刘向的散文，其散文叙事简约、议论畅达、风格深沉，对唐宋古文有较大影响。东汉时期比较著名的是班固的《汉书》。

　　魏晋南北朝时期形成的文学散文拓展了写景、抒情的功能，对后世散文的发展有着深重久远的影响，鲁迅把魏晋时代称为"文学自觉"的时代。这一时期又遭逢"乱世"，连年征战，白骨蔽野，"朝露""转蓬"的人生感悟给当时的创作涂了一层浓厚的"慷慨任气"的悲凉色彩，加之佛教盛行，玄学风起，礼教衰微，导致了思想和心灵的解放，造成了"人"的觉醒。这个时期的散文既有像《文心雕龙》《文赋》等"体大思精"的鸿篇巨制，更有陶渊明对归隐田园的向往、郦道元的奇情山水,或浪迹抒情,或写景寓意。

唐、宋是中国古典散文发展的高峰期。魏晋"文学自觉"的负面效应是"形式主义"的泛滥,这就引出了唐代韩、柳的"古文运动",提出"文以载道"的口号,使散文又回到了"载道"或"明道"的路上,由此产生了不少优秀的山水游记、寓言、传记、杂文等作品,涌现出"唐宋八大家"一代承前启后的散文大家。其中,韩愈的《师说》《杂说》《送孟东野序》是议论文中的上乘,他的《张中丞传后叙》是记叙名篇,《祭十二郎文》是悼文佳作;柳宗元的《捕蛇者说》《永州八记》最为脍炙人口。此外,还有魏徵、王勃、刘禹锡、杜牧、白居易等都有名篇传世。宋代散文的整体成就更是超过唐代。欧阳修作为散文革新运动的领袖,是宋代散文的奠基人,他极力提倡平实朴素的文风,反对险怪奇涩之文。他的《醉翁亭记》和《泷冈阡表》委婉含蓄、简洁流畅,具有很强的艺术感染力。可以说,唐、宋散文融先前的"哲学"(说理议论)、"历史"(叙事写人)、"文学"(写景抒情)于一炉,以境界的阔大(所谓"盛唐气象")和表现的丰富(议论、叙述、抒情等手段齐备),开创了古典散文璀璨的新天地。

明清以来,散文以转化为复古与创新并行。"明代七子"力主模拟,所谓"文必秦汉,诗必盛唐",因袭多于创新,散文价值不高。明代晚期的小品文颇具文采,清新夺目,代表作有张岱的《陶庵梦忆》《西湖寻梦》。清代的桐城派成为当时最著名、影响最大的散文流派。它讲究古文义法,以清真雅正为宗,提出"言之有物,言之有序"之"义法"说。

二、古典散文的语言特点

古典散文因其立意和传情需要,题材特别广泛,作者可根据自己的喜爱表现人或事,行文或长或短且语言相对比较自由,不像诗歌那样要讲究音韵、格律,不像戏剧那样要注意表演形式,也不像小说那样要注意人物刻画。古典散文主要有以下几个鲜明的特点。

第一,古典散文的最大特点是"散"。刘勰在《文心雕龙》里把古典散文概括为 18 类,从散文命名的源头上看,散文的产生和名称就是以"散"来确定的。其"散"既表现在形式上,也表现在内容上。与其他文学体裁相比,散文既没有严格的格律要求和诗歌那种押韵的限制,又没有小说那种严密的情节结构和人物塑造。散文是一种自由流畅的文体,可以随心所欲地表达作者的思想、感情和观点,没有固定的形式和长度限制。散文可以是散碎的文字片段,可以是连贯的叙述,也可以是抒情的散文诗,它能够展现出作者独特的个性和情感体验,让读者在阅读中感受到心灵的共鸣。因此,散文具有更多的灵活性和表达方式,能够自由地展现世界的多样性和复杂性,是一种表达个人情感和观点的理想文体。

第二,古典散文的突出特点是"美"。古典散文的"美"首先表现在文章的形式上,每一篇优秀的散文都是一篇形式优美的文章,其结构严谨,层次分明,逻辑紧密,整篇文章一气呵成。其次古典散文的"美"表现在文章的语言上,既体现为文字美,又体现为音节美。古人的语言简练,往往几个字就可以表达很丰富的内容。综观遗存下来的古典散文名篇,其语言基本都能做到精练准确、朴素自然、清新明快、亲切感人。同时,一篇好的古典散文很有节奏感,读起来朗朗上口,声调变化抑扬顿挫。此外,古典散文的"美"还表现在文章的立意上,也就是说古典散文还有美的意境。例如,记叙散文往往以小见大,阐述经验教训;抒情散文往往以写景状物来抒发主观情感,讲究情景交融;哲理散文往往托物言志,多用象征手法。因此在阅读散文作品时,要注意品味语言,包括品读其内涵、体会其美感、感知其韵味。

第三,古典散文的文质兼备。"文"即是上文所说美,"质"则是散文的情与理的统一。刘勰在《文心雕龙》"情采"篇谈论写文章时,称立文之本源为"情者文之经,辞者理之纬;经正而后纬成,理定而后辞畅""文不灭质,博不溺心,彬彬君子矣"。其意思是说,写文章首先要考虑情与理,情是文章的经,理是文章的纬,情与理和谐统一,便构成了文章的质。理不明则事不定,事不定则情不通。在读欧阳修的《醉翁亭记》时,除了欣赏该文的优美词句外,更让人印象深刻的是那句"醉翁之意不在酒,在乎山水之间也"的名言哲理。古典散文的"质"还来源于作者的心灵,因为不同的作者有不同的遭遇、思想历程和艺术道路,所以他们的作品各有思想、艺术特点和风格,如韩愈的冷峻、柳宗元的深刻、欧阳修的纯粹、王安石的明快等。

三、古典散文英译概述

在典籍英译中,古典散文指的是除了古代小说、诗歌、戏剧之外一切具备某种文学性的书面之作,古代的经传史书均包括在内。中国古典散文的英译始于来华传教士对"四书五经"的译介,距今已有两百多年的历史,对中国文化的海外传播起了积极作用。

从目前已有的文献看,古典散文最早的英文选本是传教士马礼逊(Robert Morrison,1782—1834 年)选译的《中国通俗文学译文集》(*Horae Sinicae: Translation from the Popular Literature of the Chinese*,1812)①,其中,选译了《大学》《四书合讲选》等古典散文内容。该译本是马礼逊的第一个英译本,篇幅不长,影响力也有限。1884 年,英国著名汉学家翟理斯(Herbert Allen Giles,1845—1935 年)出版《古文选珍》(*Gems of Chinese Literature*),翻译了不少优秀的古典艺术散文代表篇章,如《陋室铭》《前赤壁赋》《后赤壁赋》《秋声赋》和《醉翁亭记》等不同时期著名散文家的散文选段。在第一版的序言中,翟理斯在译者前言中谦逊地表示:"要时刻铭记:译者充其量只是移花接木之徒,原作本是艳阳琼浆,而译作只是镜花水月罢了。"1922 年,该书第二版由上海别发图书有限公司(Kelly & Walsh)出版,内容上有了扩充。翟理斯的《古文选珍》让英语世界读者对中国古典散文有了较为全面的了解。这两部独立的散文选本的出版表明中国古典散文已经进入英语世界读者的视线。此后,国内外学者及翻译家还对"诸子百家"及"四书五经"等先秦诸子的散文进行了英译,数量也多于其他散文类别。

进入 20 世纪后,国内外学者开始了对《史记》、唐宋散文以及其他历史时期的散文的专门翻译。1935 年,威廉姆森(H.R. Williamson)的《王安石:中国宋代的政治家和教育家》(*Wang An Shih: a Chinese Statesman and Educationalist of the Sung Dynasty*)在伦敦出版,翻译了王安石的 26 篇散文。

① 又译为《中国春秋》或《中国流行文学译本》。

1938 年,爱德华兹(Evangeline Dora Edwards)英译《中国唐代散文作品》(*Chinese Prose Literature of Tang Period*)出版,收录了几篇短小的唐代散文精品。1942 年,纽约兰登书屋(Random House)出版了林语堂的《中印智慧》(*The Wisdom of China and India*),其中有明清古典散文的优秀代表《浮生六记》的英译内容。1960 年,美国汉学家狄百瑞(W. T. De Bary)等合著的《中国传统诸源》(*Sources of Chinese Tradition*)由纽约哥伦比亚大学出版社(Columbia University Press)出版,其中有对韩愈、欧阳修、王安石和苏轼的一些散文的介绍和翻译。1960 年,纽约牛津大学出版社(Oxford University Press)出版了由谢利·布莱克(Shirley M. Black)翻译的《浮生六记》(*Chapters from a Floating Life: The Autobiography of a Chinese Artist*)。1965 年,华裔学者翟楚(Chu Chai)和翟文伯(Winberg Chai)父子编写并翻译的《中国文学瑰宝》(*A Treasury of Chinese Literature: A New Prose Anthology, Including Fiction and Drama*)在纽约出版,其中收录并翻译了《兰亭集序》《归去来兮辞》《桃花源记》《五柳先生传》和《前赤壁赋》等古典散文。同年,纽约丛树出版社(Grove Press)出版了汉学家白之(Cyril Birch)的《中国文学选集》(*Anthology of Chinese Literature*),翻译了《桃花源记》以及韩愈、柳宗元、欧阳修和苏轼等人的散文。1978 年,由齐皎瀚(Jonathan Chaves)翻译的《云游集:袁宏道及其兄弟的诗文》(*Pilgrim of the Clouds: Poems and Essays by Yuan Hung-tao and His Brothers*)在纽约出版,其中包含明朝袁宏道的散文翻译。1979 年,刘师舜(Shih Shun Liu)翻译了"唐宋八大家"的大量古典散文,由香港中文大学出版社出版,题目为《中国古典散文唐宋八大家》(*Chinese Classical Prose: The Eight Masters of the Tang-Sung Period*)。1999 年,香港中文大学出版了卜立德(David E. Pollard)英译的《中国散文英译集》(*The Chinese Essay*)。同时,很多学者编写的中国文学史或选集里也对散文有单独介绍,如宇文所安在《中国文学选集》中介绍不同历史时期的文学现象时提到了散文,该选编中设有"Early Literary Prose: The Delight of Words","Si-ma Qian","Late Ming Informal Prose"等专题。

古典散文英译除了海外汉学家和华裔学者外,国内学者也做出了积极的贡献。叶洋的《晚明小品文选集》、方重译《陶渊明诗文选》、罗经国译《古文观止》、谢百魁译《中国历代散文一百篇》、王孔昭编《中国经典散文英译选》、杨宪益译《唐宋诗文选》、孙大雨的《古诗文英译集》中都收录有古典散文的一些经典篇章。而林语堂以其横跨中西的文化底蕴和语言才能，更是著有《英译古文小品》《重在理解：古文小品选译》等，把大量中国古代优秀散文作品介绍到国外，为古典散文的翻译作出了非常大的贡献。此外，还有一些译文是散见在其他一些书刊上的，比如刘士聪译《汉英英汉美文翻译与鉴赏》中有《项脊轩志》的译文等。这些译介都让古典散文在英语世界得到流传，并产生影响力。

第二节　作者、作品简介及作品英译赏析

一、作者、作品简介

（一）作者简介

欧阳修（1007—1072年），字永叔，号醉翁，又号六一居士，谥号文忠，世称欧阳文忠公，北宋卓越的政治家、文学家、史学家，"唐宋八大家"之一。北宋庐陵（今江西吉安永丰）人。欧阳修是北宋中期的文坛领袖，积极倡导诗文革新，博学多才，诗、词、古文兼长，史学、经学方面也卓有成就。苏轼在《六一居士集序》中说欧阳修"论大道似韩愈，论事似陆贽，记事似司马迁"。他的文学成就以散文最高，影响力也最大。他继承了韩愈古文运动的精神，在散文理论上提出"文以明道"的主张，认为"道"是内容，是本质；"文"是形式，是明道的工具。把"道"比作金玉，把"文"比作金玉发出的光辉。他所讲的道，主要不在于伦理纲常，而在于关心百事。他取韩愈"文从字顺"的精神，大力提倡简而有法和流畅自然的文风，反对浮靡雕琢和怪僻晦涩的文风。他不仅能够从实际出发，提出平实的散文理论，而且又以造诣很高的创作实绩起了示范作用。欧阳修一生写了五百余篇散文，各体兼备，有政论

文、史论文、记事文、抒情文和笔记文等。他的散文大都内容充实，气势旺盛，具有平易自然、流畅婉转的艺术风格。叙事既得委婉之妙，又简括有法；议论纡徐有致，却富有内在的逻辑力量；章法结构既能曲折变化而又十分严密。他的文章宗法韩愈，但比韩文明白流畅、平易朴实，能够深入浅出，引人入胜，形成了一种自然清新、抒情委婉、说理透辟的独特风格，读之使人感到从容不迫，情趣横生，耳目为之一新，《醉翁亭记》便是这种文风的代表作。此外，《朋党论》《新五代史·伶官传序》《秋声赋》等，都是历代传诵的佳作。他著有《五代史记》《集古录》《欧阳文忠公集》《六一诗话》等。

（二）作品简介

我国古代不少文人在政治上遭受打击后，往往寄情山水以取乐消忧，形诸文字便成佳作。《醉翁亭记》便是这样一篇山水游记的名作，笔笔写醉，四个段落相互融合，虚实相间，相映成趣，纵览横观，美不胜收；处处谈乐，不蔓不枝，有条有理，熔写景、状物、叙事、抒情、议论于一炉。这篇游记写于欧阳修到滁州任上的第二年，庆历五年（1045 年），范仲淹、韩琦等人推行"庆历新政"失败，相继被贬职。欧阳修因上书为他们辩护，也被贬为滁州知州。醉翁亭是琅琊寺僧人智仙建造，坐落在滁州群峰环抱、水声潺潺的酿泉之上，欧阳修被贬后常"与客来饮于此"，并以自号"醉翁"名亭。全文共四段，第一段写醉翁亭之所在，并引出人和事；第二段写山中景色及出游之乐；第三段写滁人的游乐和太守的宴饮；最后一段写日暮醉归。这一段有描写，有叙事，更融入抒情和议论，点明全文的主旨，表现了作者随遇而安、与民同乐的旷达情怀。这篇佳作一出，盛传不衰。滁人唯恐失之，于庆历八年（1048 年）请人把全文刻在石碑上。后来又嫌字小刻浅，怕日久磨灭，又请苏轼用真、草、行三种字体书写重刻，往来文人墨客乃至商贾都争相摹拓。

《醉翁亭记》全文一共只用了四百多个字，有叙事，有写景，有抒情，却写得非常生动活泼，美不胜收。一方面，散文语言运用非常纯熟。作者不仅注重语言的色彩，而且很讲究语言的音调。采用什么虚词，安排什么句式，他都一丝不苟。比如对"也"这个虚字和用"也"字结尾的句式的连续运用，就表现了作者极大的独创性。全文一共用了 21 个"也"字，不但不使人感到累赘,反而觉得很活泼。每一个"也"字代表一层意思,层次极其分明。用"也"字结尾的语句,在文言文里一般是用来表示说明的语气,尤其是上句主语用"者"字作为提示的,下句一般必定用"也"字作为结尾。开篇从第一句"环滁皆山也"起,都创造性地采用了这种句式,使文章加强了语调的节奏感和委婉的抒情气氛,别有一种风趣。在句法上交错地采用对句,也增加了这篇文章的形式美。他运用的对句,有单句成对的,有双句成对的,也有三句成对的。单句成对的,如"日出而林霏开"对"云归而岩穴暝";双句成对的,如"临溪而渔,溪深而鱼肥"对"酿泉为酒,泉香而酒洌",上两句对下两句,内容和形式对得都很工整贴切;三句成对的,如"夕阳在山,人影散乱,太守归而宾客从也"对"树林阴翳,鸣声上下,游人去而禽鸟乐也",上三句对下三句,对得也很整齐。另一方面,文章内容非常丰富,包括亭子的坐落、周围的环境、亭子的建造与命名、亭子的晨昏与四时景色、游人的熙攘、野宴的欢乐、太守醉后的神态……作者对醉翁亭四周朝暮多变和春夏秋冬四季不同景色的描绘,勾画出一幅形象鲜明的画面,语句浅显,意境深远,很值得细细品味。最精彩的部分是最后一段文字。夕阳在山,人影散乱,游人归去。游人一去,禽鸟大欢,花阴树间,鸣声四起。欧阳修虽壮年被贬,仕途失意,但不悲戚嗟叹,而是以积极的态度当好地方官,为百姓办事。滁州风光秀丽,欧阳修便寄情山水,以诗酒自娱,与民同乐,把内心的抑郁化解于山水与诗酒之乐中。

二、作品英译赏析

(一)题目的翻译

"记"这种体裁出现得很早,至唐宋而大盛,是古代一种散文体裁。它可以记人和事,可以记山川名胜,可以记器物建筑,故又称"杂记"。在写法上大多以记述为主,并兼有议论、抒情的成分。记景的目的往往在于抒发作者的感情和主张,阐述作者的某些观点。本篇的题目可分为两个部分,即"醉翁亭"和"记",其中"醉翁亭"为地名,也是标志物,体现本篇散文的中心

和重心,翻译时应该着重考虑;"记"为体裁,像是词牌名,没有特别的含义,翻译时可以灵活处理。以下是几个译本:

① Account of the Old Drunkard's Pavilion

② Account of Zuiweng

③ Story of the Old Drunkard's Pavilion

④ The Story of Old Drunkard

⑤ Narration of the Drunk Pavillion

⑥ The Record of the Old Drunkard's Pavilion

⑦ A Jotting of the Old Drunkard Pavilion

⑧ Pavilion of the Drunken

⑨ Old Man Pavilion of the Tipsy Man

⑩ The Old Drunk Folk Pavilion

⑪ The Old Drunkard's Arbour

⑫ The Roadside Hut of the Old Drunkard

译文①-⑦都对"记"做了翻译,分别使用了 account,story,narration,record,jotting 这几个词,从一定意义上来说,这个几个词在标题中没有太多的区别,只是程度不一样而已。其中,account 和 narration 更侧重描述性,story 和 record 更侧重记叙性,而 jotting 从字面意思上讲似乎与作者的意图更贴切,它表示的是 a quickly written or brief note。从历史和文章本身看,这里的"记"其实表示一种体裁,并无太多的含义,当然也就没有太多的 story 和 account 而言,所以可以不需要翻译,如后面 5 个译文。

此外是"亭"的翻译,12 个译本中除了②和④没有译,其他 10 个译本中有 8 个选择了 pavilion 这个词,另外两个译本选择了 arbour 和 hut。几个词都可以表示凉亭,只是在建筑的材料和工艺上有些区别,如果结合当时的语境,后面两个词可能会更准确一些。

（二）正文译本赏析

有很多中外著名学者都对《醉翁亭记》进行了翻译,目前比较常见的译本有英国著名汉学家翟理思（Herbert A. Giles, 1845—1935 年）,我国学者杨宪益、罗经国、谢百魁等。这里我们选择翟理思的译本进行赏析,其文笔古雅流畅且讲究音韵,深得散文翻译之妙,不囿于汉语字句且有更多的创造性,上面的题目译本⑪就是出自翟理思,可资学习借鉴。

1. 环滁皆山也。其西南诸峰,林壑尤美,望之蔚然而深秀者,琅琊也。山行六七里,渐闻水声潺潺而泻出于两峰之间者,酿泉也。峰回路转,有亭翼然临于泉上者,醉翁亭也。作亭者谁? 山之僧智仙也。名之者谁? 太守自谓也。太守与客来饮于此,饮少辄醉,而年又最高,故自号曰醉翁也。醉翁之意不在酒,在乎山水之间也。山水之乐,得之心而寓之酒也。

The district of Chu is entirely surrounded by hills, and the peaks to the south-west are clothed with a dense and beautiful growth of trees, over which the eye wanders in rapture away to the confines of Shantung. A walk of two or three miles on those hills brings one within earshot of the sound of falling water, which gushes forth from a ravine known as the Wine-Fountain; while hard by in a nook at a bend of the road stands a kiosque, commonly spoken of as the Old Drunkard's Arbour. It was built by a Buddhist priest, called Deathless Wisdom, who lived among these hills, and who received the above name from the Governor. The latter used to bring his friends hither to take wine; and as he personally was incapacitated by a very few cups, and was, moreover, well stricken in years, he gave himself the sobriquet of the Old Drunkard. But it was not wine that attracted him to this spot. It was the charming scenery, which wine enabled him to enjoy.

原文开篇三句"环滁皆山也。其西南诸峰,林壑尤美,望之蔚然而深秀者,琅琊也。"是相互联系的,翻译时可一起处理。首句"环滁皆山也"是欧阳修修改后的句子。原先列出了许多山名,后皆删去,以致如此精练。滁为州名,州可译为"prefecture(州,郡)",翟理思不太明白此义,泛译为"district(地区)",但译者连至下句以形成视觉上的整体印象。"其西南诸峰,林壑尤美"在译文的谓语是"are clothed with a dense and beautiful growth of trees",是描述性处理,其中动词尤为生动。此句处理复连下一句"望之蔚然而深秀者,琅琊也。"用一定语从句译出"over which the eye wanders in rapture(极目望去,心旷神怡)",是神来之笔。但"away to the confines of Shantung(直至山东边界)"不是漏译"琅琊山",而是错误理解导致误译,译者把滁州的琅琊山错误理解为山东缪南的琅琊郡了。

"山行六七里,渐闻水声潺潺",先以一个名词短语"a walk of two or three miles on those hills"引出句子,再以"brings one the sound of falling water"成句,但译者没有忘记心理感受的原理,因而加了"within earshot of(在听觉所及的范围内)",是很有必要的,符合翻译逻辑。译者认为"泻出于两峰之间"有赘文,故以虚代实,仅用"from a ravine(从深谷出)"轻轻带过,而以"gushes out(喷泻而出)"状其水势形态,最后用"known as the Wine-Fountain(酿泉)"结句。试比较杨宪益的译句:When you penetrate a mile or two into his mountain you begin to hear the gurgling of a stream, and presently the stream-the Brewer's Spring-comes into sight cascading between two peaks.杨宪益使用了"gurgling"一词,把流水之声生动地表现出来,酿泉的形象更为明确,跃然纸上。

"峰回路转,有亭翼然临于泉上者,醉翁亭也。"此句再以 while 与上句相连,随后用"hard by(在附近)","in a nook(处凹角)","at a bend of the road(路拐处)","stands a kiosque(矗立着一个凉亭)",在一连串介词短语排列以形成寻找的曲折艰难感之后方见此亭。英文以 kiosque 代 arbour,乃不同的同义词便于把握实物之故。"commonly spoken of as(人称)",较之直译"那是"(that is)更为传神些。"临于泉上"因与上句结束时的酿泉紧接,故而省略了。但"有亭翼然(standing like a perching bird)"则没有译出鸟的翅膀翩然若飞的样子,其形象性有所损失。比较罗经国译文:The path turns and twists along the mountain ridge, and above the spring rests a pavilion perching aloft like a bird with wings outstretched. This is the Pavilion of the Drunken Old Man.

"作亭者谁?"和"名之者谁?"两个问句,译者认为不必译,仅以英文的陈述句将二者分别表示,使其联系加强,但是整体上说这两句存在较大问题。其中,后一个定语从句"who received the above name from the governor"所修饰的先行词是"a Buddhist priest",这是误译。而且"山之僧智仙也"译为"a Buddhist priest"有基督教传教士之嫌。"智仙"是个人名,意译为"Deathless Wisdom(不死的智者)",也有不妥。

后面一句译者依原文用笔从容叙述太守了。这几句的用词也很讲究,如 hither(here)的古语,well stricken in years(being the eldest)更具文学性,如 the sobriquet(诨号)的直取,be incapacitated by a few cups(不胜酒力)的文雅,均可见出译者所追求的译文古雅的风格。其实若以"prefecture"译州郡,则可以"prefect"译太守。不过译者仅用 the latter(后者)代之。

"醉翁之意不在酒,在乎山水之间也。"是这篇散文的点题名句,凝练、含蓄而意蕴悠远,很好理解,但并不好译,特别是其中的"寓之酒"在英语里意思很难捉摸,必须思考如何译出哲理来。翟氏的译文用了强调句型,但将山水之间虚设的意境实写为此处,译为"But it was not wine that attracted him to this spot",使整个句子变为叙述式,便没有体现出哲理。其部分原因是把重点移到下句: It was the charming scenery, which wine enabled him to enjoy. 以之结句,韵味尽出,但不求"山水"二字的直译。试比较杨宪益的译文: He delights less in drinking than in the hills and streams, taking pleasure in them and expressing the feeling to his heart through drinking.

2. 若夫日出而林霏开,云归而岩穴暝,晦明变化者,山间之朝暮也。野芳发而幽香,佳木秀而繁阴,风霜高洁,水落而石出者,山间之四时也。朝而往,暮而归,四时之景不同,而乐亦无穷也。

The sun's rays peeping at dawn through the trees, by and by to be obscured behind gathering clouds, leaving naught but gloom around, give to this spot the alterations of morning and night. The wild-flowers exhaling their perfume from the darkness of some shady dell, the luxuriant foliage of the dense forest of beautiful trees, the clear frosty wind, and the naked boulders of the lessening torrent, — these are the indications of spring, summer, autumn, and winter. Morning is the time to go thither, returning with the shades of night, and although the place presents a different aspect with the changes of the seasons, its charms are subject to no interruption, but continue always.

"若夫"在古语中是个连词,既有连接上下段落的作用,也有发语和引出后文的功效,现代汉语中没有这类词语,英译时则不必译出。原文第一句比较长,动词结构比较多,英译时必须选一个主要动词作谓语,其他内容并列或者以非谓语动词来处理。翟理思用"give to this spot the alterations of morning and night"作为句子谓语,其他内容使用 peeping, gathering clouds, to be obscured 等非谓语动词,既保留了原文鲜活的意境,又符合英文的表达习惯。此外,naught but(= nothing but)选词古雅,符合古典散文的韵味。

第二句"幽香",翟理思加上了自己的想象和联想,在"perfume"后而加了"from the darkness of some shady dell(来自幽暗的小山谷的阴暗处)",略显多余;同时,将"风霜高洁"译为"the clear frosty wind"也是有些问题,没有把握这几个汉语的准确意思,实际上"风霜高洁"应该是风高、霜洁的含义,试比较刘师舜译文: Now the wild grass emits a refreshing perfume; now exquisite trees grow luxuriantly and cast a deep shade; now wind and frost, high and pure, go their rounds; now the water becomes clear and the pebbles are exposed to view. These are the four seasons in the mountains. 其中"水落石出"译为"the naked boulders of the lessening torrent"非常生动形象。

将最后一句"朝而往,暮而归"译为"morning is the time to go thither, returning with the shades of night"是直接以山的景色为基调进行翻译,与前文比较一致,如果以人为主语直接译出来反而不好。"乐亦无穷"的"乐"字,根据行文可有不同的变化,此处指山景的魅力,故而译为"its charms",再加上谓语表现出全句之意趣:"are subject to no interruption, but continue always."

3. 至于负者歌于途,行者休于树,前者呼,后者应,伛偻提携,往来而不绝者,滁人游也。临溪而渔,溪深而鱼肥。酿泉为酒,泉香而酒洌;山肴野蔌,杂然而前陈者,太守宴也。宴酣之乐,非丝非竹,射者中,弈者胜,觥筹交错,起坐而喧哗者,众宾欢也。苍颜白发,颓然乎其间者,太守醉也。

Burden-carriers sing their way along the road, travellers rest a while under the trees, shouts from one, responses from another, old people hobbling along, children in arms, children dragged along by hand, backwards and forwards all day long without a break, — these are the people of Chu. A cast in the stream and a fine fish taken from some spot where the eddying pools begin to deepen; a draught of cool wine from the fountain, and a few such dishes of meats and fruits as the hills are able to provide, — these, nicely spread out beforehand, consititute the Governor's feast. And in the revelry of the banquet-hour there is no thought of toil or trouble. Every archer hits his mark, and every player wins his partie; goblets flash from hand to hand, and a buzz of conversation is heard as the guests move unconstrainedly about. Among them is an old man with white hair, bald at the top of his head. This is the drunken Governor, who, when the evening sun kisses the tips of the hills and the falling shadows are drawn out and blurred, bends his steps homewards in company with his friends.

本段前两句都属于长句,并用的是"……者……也"的结构,译者依据原文,运用英文的外位语结构,调动一切语法手段翻译成一个英文长句,使各条目杂然相陈而又秩序井然,最后用破折号以"these are the people of Chu"和"these, nicely spread out beforehand, constitute the Governor's feast"结句,与原文相得益彰。而且,作者对"临溪而渔,溪深而鱼肥"做了依于想象的发挥和拉长处理:A cast in the stream and a fine fish taken from some spot where the eddying pools begin to deepen. 同时又将其后的两个层次合为一个层次,使之与这一句形成平行关系句:a draught of cool wine from the fountain, and a few such dishes of meats and fruits as the hills are able to provide。此外,译者用一些并列句、简单句、对仗句,使用具体译法,将抽象的东西具体化,很好地传递了古典散文的韵味。如"射者中,弈者胜"中的"射"是指古代酒戏"投壶"——众人向酒罐掷物为戏,译文亦对仗工整:Every archer hits his mark, and every player wins his partie. 此处的"partie"为法语词,指比赛,又有角色、对手之意。将"觥筹交错"译为"goblets flash from hand to hand",生动形象。"and a buzz of conversation is heard as the guests move unconstrainedly about"是以具体译抽象,以繁复译简略,同时避免了"众宾欢也"在结构上机械性的重复之嫌。

但是本段译文中,译者受制于文学文化的影响,有好几处误译。将"山肴野蔌"译为"几盘山中可供的肉食和水果",与原文有差异,不过也自成一体且略有一些西餐的味道。而将"前陈"译为"beforehand"确为误译,可改为"before him"或干脆不译。"宴酣之乐,非丝非竹"本指"狂欢之际本应有管弦音乐相伴",并不是"没有劳累与烦恼(there is no thought of toil or trouble)"之意。而"苍颜白发,颓然乎其间者"是形容人酒后昏沉欲倒之状,译者先是漏译了"苍颜",然后将"颓然乎其间"误译为"秃顶"。最后,译者将"太守醉也"用定语从句与下句相连,形成串段译文,也是为了形成人物与景色交融的阅读效果。

4. 已而夕阳在山,人影散乱,太守归而宾客从也。树林阴翳,鸣声上下,游人去而禽鸟乐也。然而禽鸟知山林之乐,而不知人之乐;人知从太守游而乐,而不知太守之乐其乐也。醉能同其乐,醒能述以文者,太守也。太守谓谁?庐陵欧阳修也。

Then in the growing darkness are heard sounds above and sounds below; the beasts of the fields and the birds of the air are rejoicing at the departure of man. They, too, can rejoice in hills and in trees, but they cannot rejoice as man rejoices. So also the Governor's friends. They rejoiced with him, though they know not at what it is that he rejoices. Drunk, he can rejoice with them, sober, he can discourse with them, — such is the Governor. And should you ask who is the Governor, I reply, "Ou-yang Hsiu of Lu-ling."

本段开头译者利用古文简练的特点引出形象,并用生动的词语将景色描绘得真实可感,"when the evening sun kisses the tips of the hills(夕阳吻着山尖)","and the falling shadows are drawn out and blurred(倒影模糊不清)","bends his steps homewards(拖着步子回家去)",这种翻译方法都可以学习借鉴。"鸣声上下"与"禽鸟乐也"在古文中本来都只是指"禽",译文增加了"兽"(the beasts of the fields)之意,使之与"鸟"同乐;"and the birds of the air are rejoicing at the departure of man"显得十分精妙,而鸟兽之乐用介词 at 更明确了对象关系在于游人去。后一句"禽鸟知山林之乐,而不知人之乐"与"人知从太守游而乐,而不知太守之乐其乐也"之间增加一个过渡句"So also the Governor's friends",使下一句转为以代词 they 作主语,与上句 they 平行。"不知"用了古语法"they know not",以显古雅之趣。"太守之乐其乐"原有太守与民同乐之义,译文虚译为"at what it is that he rejoices",也留有含蓄之意让读者去品味。将"醉能同其乐,醒能述以文者,太守也"译为"Drunk, he can rejoice with them, sober, he can discourse with them — such is the Governor",行文简洁明了,对仗工整,倒装强调也颇得原文之妙。只是将"述以文"译为"discourse with them"后意思变为"与人交谈",与原意能写文章以记之略有差别,虽然 discourse 也有著文之义,但与 with 连用,则此义变弱。最后一句,"太守谓谁?"译者变直接问句为间接疑问,并加上"And should you ask"以与读者贴近,又加上"I reply",使作者的身份得以突出,最后再给出直接解答。更值得注意的是,译者知道欧阳是复姓,在其中加了连字符,当然也可以不加。

第三节 翻 译 练 习

一、原文

丰 乐 亭 记

欧阳修

修既治滁之明年,夏,始饮滁水而甘。问诸滁人,得于州南百步之远。其上则丰山,耸然而特立;下则幽谷,窈然而深藏;中有清泉,滃然而仰出。俯仰左右,顾而乐之。于是疏泉凿石,辟地以为亭,而与滁人往游其间。

滁于五代干戈之际,用武之地也。昔太祖皇帝,尝以周师破李景兵十五万于清流山下,生擒其皇甫辉、姚凤于滁东门之外,遂以平滁。修尝考其山川,按其图记,升高以望清流之关,欲求辉、凤就擒之所。而故老皆无在也,盖天下之平久矣。自唐失其政,海内分裂,豪杰并起而争,所在为敌国者,何可胜数?及宋受天命,圣人出而四海一。向之凭恃险阻,划削消磨,百年之间,漠然徒见山高而水清。欲问其事,而遗老尽矣!

今滁介江淮之间,舟车商贾、四方宾客之所不至,民生不见外事,而安于畎亩衣食，以乐生送死。而孰知上之功德，休养生息，涵煦于百年之深也。

修之来此，乐其地僻而事简，又爱其俗之安闲。既得斯泉于山谷之间，乃日与滁人仰而望山，俯而听泉。掇幽芳而荫乔木，风霜冰雪，刻露清秀，四时之景，无不可爱。又幸其民乐其岁物之丰成，而喜与予游也。因为本其山川，道其风俗之美，使民知所以安此丰年之乐者，幸生无事之时也。

夫宣上恩德，以与民共乐，刺史之事也。遂书以名其亭焉。

二、注释

1. 丰乐亭：在今安徽滁州城西丰山北，为欧阳修被贬滁州后建造的。

2. 明年：第二年，即庆历六年。

3. 问诸滁人：向滁人打听泉水的出处。诸，兼词，之于。

4. 窈然：深幽的样子。

5. 潏然：水势盛大的样子。

6. 五代：后梁、后唐、后晋、后汉、后周。

7. 干戈：古代兵器，此指战争。

8. "昔太祖"五句：公元 956 年，宋太祖赵匡胤为后周大将，与南唐中主李璟的部将皇甫晖、姚凤会战于滁州清流山下，南唐部队败于滁州城。随后赵匡胤亲手刺伤皇甫晖，生擒皇甫晖、姚凤，夺下滁州城。《资治通鉴》后周纪三："太祖皇帝引兵出后，晖等大惊，走入滁州，欲断桥自守。太祖皇帝跃马兵麾涉水，直抵城下……一手剑击晖中脑，生擒之，并擒姚凤，遂克滁州。"周，指五代时后周。李景，即李璟，南唐的中主。清流山，在今滁州城西南。

9. 图记：指地图和文字记载。

10. 清流之关：在滁州西北清流山上，是宋太祖大破南唐兵的地方。

11. "所在"二句：到处都割据称王，难以计算。胜，尽。

12. 圣人出而四海一：宋太祖赵匡胤统一天下。

13. "向之凭恃险阻"二句：如先前那些凭借险阻称霸的人，有的被诛杀，有的被征服。向，从前。

14. 遗老：历经战乱或沧桑事变的老人。

15. 舟车商贾：坐船乘车的商人。

16. 畎：田地。

17. 乐生送死：使生的快乐，礼葬送死。《孟子·离娄》："养生者不足以当大事，惟送死可以当大事。"

18. 涵煦：滋润教化。

19. 事简：公务简单。

20. 掇幽芳而荫乔木：春天采摘清香的花草，夏天在大树荫下休息。掇，拾取。荫，荫庇，乘凉。

21. "风霜"二句：秋天刮风下霜，冬天结冰下雪，经风霜冰雪后草木凋零，山岩裸露，更加清爽秀丽。刻露，清楚地显露出来。

22. 岁物：收成。

23. 刺史：官名，宋人习惯上作为知州的别称。欧阳修此时为滁州知州，根据习惯自称为刺史。

三、翻译提示

散文的精髓就在于其达意传情，状物叙事和说理真实、真切、平实和直接，故而准确再现散文之意是散文翻译的第一要则。这要求译文在意义、形式、趣味、格调等方面力求与原文等质等量。要做到这一点，首先需要对散文进行充分、细致的解读。对散文的解读不仅要落实到单个字词的意义、语音、拼写等微妙的细节上，也要涉及对词语的内涵和外延意义、比喻意义和象征意义，再到句子、语篇的主题意义等的理解。从语言层次上说，译文必须由微观到宏观，从词、句、篇到修辞、逻辑、文体、主题仔细把握，使用精确、恰当的词句来再现原意。从文化层次上说，译文必须结合原作的社会、历史、文化和文学背景，准确地体现原作的意义。

《丰乐亭记》是欧阳修被贬滁州后因建造丰乐亭而写的一篇散文，文章除记述建丰乐亭的经过及与滁人共游之乐外，还描绘了滁州从战乱到和平的变迁，从而寄托了安定来之不易，应予珍惜的主题和与民同乐的政治思想。文章最大特点是借写景抒情,情景交融。文章用了大量笔墨写滁州的山水景色,从中流淌出作者丰富的情感。战乱之时,好山好水不过是为了割据称王的"凭恃险阻";在世事变迁的过程中,也只是"漠然徒见山高而水清";而在百姓安居乐业时,则"四时之景,无不可爱"。文短情长,不仅反映出当时作者的心境,而且反映出作者高度的概括能力和精确的表达能力。在翻译上,要尽量借助风景表达思想。对一些短句和对称的表达手法,英译时也尽量使用简洁的句子,多用短句,做到简约。

第三章
古典骈文英译
——《滕王阁序》

第一节　古典骈文及英译概述

　　骈文是中国雅文学的重要组成部分，其萌芽于汉代，鼎盛于魏晋南北朝，曾统治文坛八百年之久，纵使在古文运动极为盛行的年代也未曾绝迹，生命力极强。作为中国古典文学特有的文体，骈文追求形式美与内容美的结合，文质相辅、醇厚典雅，具有极高的文学艺术价值，是中国文学典籍的瑰宝，值得对外传播。

一、古典骈文概述

　　骈文是中国古代文学的一种文体，骈文最初的名称应是连珠，起源于先秦时期，盛行于汉魏六朝时期。骈文自产生到兴盛一直被称为"今文"或"今体"，到唐宋时期被称为"四六文"。唐代晚期的李商隐将自己的骈体文集命名为《樊南四六》，并且在序中对四六做了解释："四六之名，六博、格五、四数、六甲之取也。"之后逐渐有骈体、俪体、骈俪等称谓。清代有关骈文的名称众多，如骈语、骈偶、偶文、偶语、耦文、俪语、俪辞、骈俪、俪文、俳语、律语等。但是，作为比较规范的名称，"骈文"最早出现在清代……由于"骈文"在众多名称中最为简明，最能反映其文体的特性，所以自民国以后，逐渐取得了正式的地位①。

"骈"字在许慎的《说文》里的解释为："骈,驾二马也,从马并声。"②驾二马也就是二马并排驾车,引申开来就是对偶的意思,这是对骈文的最直观、形象的描述。有学者指出：骈文有广义和狭义之分。广义的骈文包括辞赋等所有以对仗、骈偶、用典、讲求声律为特征的文章,狭义的骈文则不包括辞赋③。可见,骈文是将两句或多句对偶的诗句或散文句相隔排列在一起,互为呼应,形成对仗的结构。骈文有"对耳""对肩""对腹"等形式,整体结构优美,言辞雅致,富有节奏感,体现了古代文人的修辞技巧和审美追求。骈文在古代文学中占有重要地位,被广泛运用于文人的诗歌、散文和典籍之中,是中国古代文学的重要组成部分。

作为一种独特的文体,骈文自产生之时起就有不同的研究和观点、国学大师刘师培早在《中国中古文学史》中就提出"无论骈散都是古文"的观点,他认为骈文和散文在本质上并无区别。唐朝韩愈、柳宗元提倡"古文运动",以复古为口号,以儒学复兴为内容,大力推崇先秦两汉散文,旗帜鲜明地反对六朝骈文。入宋之后,在欧阳修等人率领之下,古文运动掀起第二轮高潮,散文大家迭出,而骈文自此渐衰。的确,相对于骈文,韩、柳等人提倡的散文更加注重思想内容和个人情感的抒发,丰富了文学创作的题材和体裁,促进了文学写作中创新精神的培养,让文学创作更加自由,内容也更有思想价值。不过,因为其特殊的艺术价值,骈文始终没有消亡,直至清末,骈文仍属留存的文体之一。正如王国维在《宋元戏曲史》自序中所说："凡一代有一代之文学：楚之骚,汉之赋,六代之骈语,唐之诗,宋之词,元之曲,皆谓一代之文学,而后世莫能继焉者也。"④

---

① 莫道才. 骈文名称的演变与骈文的界说[J]. 广西师范大学学报(哲学社会科学版),1991(04)：66-71.

② 许慎. 说文解字[M]. 北京：中华书局影印本,1963：200.

③ 赵义山,李修生. 中国分体文学史(散文卷第3版)[M]. 上海：上海古籍出版社,2014：359.

④ 王国维. 王国维文学论著三种[M]. 芜湖：安徽师范大学出版社,2014：55.

二、古典骈文的语言特点

骈文第一个语言特点是对偶成文。作为与散文相对的一种文体，骈文在句式上多用四六句式，所以骈文又称为"四六文"，"骈四俪六"是骈文在句式上最基本的特点，也是判断是否为骈文的根本标准。柳宗元在《乞巧文》中提到"眩耀为文，琐碎排偶。抽黄对白，啴唴飞走。骈四俪六，锦心绣口。宫沉羽振，笙簧触手"①对偶一般体现在字数、词性、结构三个方面。从字数上来看，有三字句相对、四字句相对、五字句相对、六字句相对，唐宋以后句子越来越长，有七字句、八字句、九字句、十字句，甚至十一字的句子都曾出现。出句、入句字数相对，有时并不是单一的四字句或六字句相对，有五字句、四字句两个短句作为一个出句，有四字句、七字句组合，也有四字句、六字句组合等等，如王勃《滕王阁序》里的"四美具，二难并"是三字句，"渔舟唱晚，响穷彭蠡之滨，雁阵惊寒，声断衡阳之浦"是四六组合句等。也就是说，骈文注重句式的繁复多变，常使用并列、交叠、重复等修辞手法，使文章显得华丽且富有韵味。

骈文第二个语言特点是声韵和谐。从语音上讲，骈文讲究平仄和追求声律和谐。尽管骈文创作没有像诗歌那样有"四声八病"的严格限制，但追求平仄配合，造成辘轴交往，也是骈文文体的特点之一。需要说明的是，骈文在这三方面的要求都不如诗歌严格，骈文的平仄对应要求相较于律诗更为宽松，王力先生在《古代汉语》曾归纳了六种平仄对应关系：四言甲式、四言乙式、六言二四甲式、六言二四乙式、六言三三甲式、六言三三乙式。莫道才总结为"不要求每一个字平仄对应，一般只在节奏顿处作处理，节奏顿没有定化，根据具体的文句作要求。"②押韵在骈文中可用可不用，一般情况下，如书、启、奏、议、章、表、序、论等应用文体是不要求押韵的，而讼、诔、铭等准文学作品及骈赋这类文学性作品是要求押韵的，唐代时因科举制的影

① 柳宗元. 柳宗元集（第18卷）［M］. 北京：中华书局，1979：487.
② 莫道才. 骈文观止［M］. 北京：文化艺术出版社，1997：8.

响,部分属于应用文体的骈文及律赋也出现了押韵的现象。骈文用韵和换韵较为随意,有四句一韵,也有六句、八句、十句、十二句一韵的现象。长久以来,音律是否和谐一直是衡量文章是否出众的一个重要标准,也是文人创作时追求的一个重要目标。在骈文中大量存在重言叠字、双声叠韵的现象,如江淹《别赋》中的"风萧萧而异响,云漫漫而奇色。"此外,鲍照的《芜城赋》、庾信的《哀江南赋》等优美的骈文均体现了这一特点,这一特点对后世散文的创作影响非常大。

骈文第三个语言特点是典故丰富。典故虽然不是骈文的必然要求,但典故的使用在骈文中相当普遍,有的甚至一句就用一个典故。骈文之所以重视用典,是因为用典可以借古喻今,很好地表达作者的思想观点,而且大量典故和引用的使用可以打破文章的时空限制,以增加文章的深度和内涵,让读者感受到作者的博学与修养。骈文的语言常借鉴古代经典文学作品的词汇和句式,显示出一种古雅之风,给人以古朴、庄重的感觉。如王勃《滕王阁序》"物华天宝,龙光射牛斗之墟;人杰地灵,徐孺下陈蕃之榻"一句里"龙光"之典见于《晋书·张华传》,张华因见斗、牛二星之间有紫气照射而在地下掘得龙泉、太阿两把宝剑,两剑的夺目光芒即为龙光。用此典意在说明此处为宝地。"徐孺"之典见于《后汉书·徐释传》,东汉名士陈蕃任豫章太守时不接来客,唯因家贫务农自食其力而不肯做官的徐稚来访,才设一睡榻留宿,说明其尊重和重视人才。王勃所用典故是为了说明"洪府"也是物华天宝、人杰地灵之处。杰出的骈文作家擅长以"古事达今意",从而提高文章的内涵和意蕴,增加文章的美感。

总的来说,骈文的语言特点包括繁复多变、古雅之风、对仗工整和典故丰富等,展示出一种高度的文学艺术性和审美感。

三、古典骈文英译概述

作为一种美文,骈文自然也吸引着世界各国的目光。有些学者对骈文做了相关研究,如林德威(David Prager Branner)从语言学的角度出发,基于具体的骈文篇目,专注于研究骈文的声律情况,将骈文归纳总结为三种不同的类型,即序言类型(preface style)、韵体类型(rhyming style)、平实类型(plain style)。广西师范大学莫道才教授曾辑录海外骈文研究著作及论文索引(1905—2005 年),主要有李锐清的《骈文句式教学之新尝试(上)——结构重组》《骈文句式教学之新尝试(下)——声律与句式》,海陶玮的《骈文及其特色》(*Parallel Prose; Some Characteristics of Parallel Prose*),康达维(David R. Knechtges)的《中国早期文学中的"骈"》(*Pasta [Bing] in Early Chinese Literature*),马瑞志(Richard B. Mather)的《王巾的〈头陀寺碑〉:佛教骈文一例》(*Wang Chin's 'Dhūta Temple Stele Inscription' as an Example of Buddhist Parallel Prose*),瓦格纳的《骈文风格:老子和王弼》。此外,林德威(David Prager Branner)的《汉语骈文中的声调韵律》(*Tonal Prosody in Chinese Parallel Prose*),是研究骈文声韵的重要文章,梅维恒(Victor H.Mair)的《哥伦比亚中国文学史》(*The Columbia History of Chinese Literature*)中有对骈文的推广性介绍。

另外一些学者对骈文做了译介,但基于骈文的语言特点,骈文的译介无论是数量上,还是在应用范围的囊括和历代作品的收集上,都远不如诗歌、小说等其他文体。梅维恒在《哥伦比亚中国文学史》中曾明确指出"骚、赋和各种骈文对于普通西方读者来说,魅力并不及诗、哲学作品、文言小说、白话小说、随笔或者史学作品,后一类作品的译文构成了外国读者对中国文学作品的印象。"①通过查阅相关文献可知,目前针对这一文体名称的翻译主要采用两种方式,其一为意译,主要根据骈文多采用对仗修辞的文体特点进行翻译,译名有 Parallel Prose、Double Harness 以及 Chinese antithetical style;其二为直译,直接根据"骈文"二字的读音,将其翻译为 Pianwen、Pyan-wen 或 p'ien-t'i。海外有关骈文的作品译介主要有华兹生(Burton Watson)的《汉魏六朝赋》(*Chinese Rhyme-Prose: Poems in the FU form from the Han and Six Dynasties Periods*),亚瑟·韦力(Arthur Waley)的《汉诗一百七十首》(*ALL under and Seventy Chinese Poems*),康达维的《文选(英译本)》

---

① 梅维恒. 哥伦比亚中国文学史 上[M]. 马小悟,张怡,刘文楠,译. 北京:新星出版社,2016:241-241.

（*Wen Kuan or Selections of Refined Literature*），以及梅维恒的《哥伦比亚中国传统文学选集》中有部分骈文的翻译。以《哥伦比亚中国传统文学选集》为例，该集收录了 218 篇中国古代文学作品，其中虽专门列有"骈文"（Parallel Prose）部分，仅介绍了两篇骈文作品，一篇为任昉的《奏弹刘整》（*Jen Fang, Memorial of Indictment Against Liu Cheng*），另一篇为王勃的《滕王阁序》（*Wang Po, Preface to Ascending the Pavilion of King T'eng in Hung-chou on an Autumn Day for a Parting Feast*）①。此外，还有一些内容零散见于传教士、汉学家和国内译者的文学翻译作品中。

对骈文的翻译和介绍，除了字词所面临的释义问题外，文体本身也存在问题，英语和骈文之间的句子结构相去甚远。骈文源于赋，讲究韵、偶。要把好听（韵）、好看（偶）的无主句翻译到讲究内在逻辑关系的印欧语系文字中，其中的不对应性显而易见。因此，翻译骈文首先就是要补足主语。如果补足主语的方式是必需的，那么补足主语的过程就是再造主语的过程。再造主语的过程是一个主观臆断过程，但必须遵循原文内在的联系和通篇的系统。当然，主语的出现清晰地理顺了中文意义的逻辑关系，但与此同时丢失了原文的美感和古汉语固有的模糊性。也就是说，译者在选择明晰的内容的同时，割舍了骈文形式的表现力。因此，骈文的主语再造是否一定合理？被动语态的形式能否并存？另外，除了主观臆断的体认方式之外，有否其他判断方式？再造主语的结果谁来评价？如何评价？臆断地加出主语是否对原文的一种侵犯？那么亦步亦趋的翻译是否又束缚了译者应有的权利？如何取舍？都是非常棘手的事情。

因此，骈文翻译时应该注意以下几点。首先，在翻译过程中就应该尽可能地将骈文中的对仗句翻译为英语中的平行结构。其次，采用深度翻译方法，通过注释解决骈文典事翻译，可以是意译，也可以直译加注释，这既可以增加读者兴趣，又可以达到传播文化知识的作用。最后，不必苛求声律，骈文对声律的讲究主要是为了体现一种音乐上的美，这种美是由我国单音节

---

① Victor H. Mair. *The Columbia History of Chinese Literature*［M］. New York: Columbia University, 2001: 237.

语素所独创的,不可复制。英语属于语调语言,其音乐性是由重音(stress)、音步(foot)、韵律(prosody)、格律(metre)构成,汉语属于声调语言,其音乐性主要靠平仄、字数、格律、韵律体现。汉语押韵讲究韵腹相同,或韵腹、韵尾相同,英语常用的韵则有头韵(alliteration)、腹韵(assonance)、尾韵(rhyme)三种,相较而言,汉语中的同韵词较多。

第二节　作者、作品简介及作品英译赏析

一、作者、作品简介

(一)作者简介

王勃(公元650—676年),字子安,唐初绛州龙门(今山西省稷山县)人。初唐著名文学家。他出生于书香世家,七岁即善作文,人称"神童"。十四岁中举,后任沛王府修撰,因作游戏文章触怒唐高宗,被逐出王府。公元676年,往交趾(今越南北部)探亲,渡海时落水,受惊而死,年仅二十七岁。他文辞出众,与杨炯、卢照邻、骆宾王齐名,并称"初唐四杰"。

作为初唐一位重要的作家,王勃被认为是"初唐四杰"之首,在当时和后世均受到很多推崇。杨炯称赞王勃"每有一文,海内惊瞻"。《旧唐书·文苑·王勃传》记录王勃六岁解属文,构思无滞,词情英迈,文章迈捷,下笔则成。王勃的诗文风格清新,文辞华美。现存王勃作品集为清蒋清翊注《王子安集》二十卷。查询蒋氏收录王勃之作品,王勃存诗一卷,赋二卷,其余十七卷均为各种体裁的骈文,包括序、书、表、启、论、碑、颂等。从数量上来看,蒋氏收录王勃的诗歌90余首,文章(含辞赋在内)计95篇,其中辞赋12篇,序文有44篇,其余各类以骈体写作的应用类文章共计39篇。另外,蒋氏的《王子安集注》中收录了罗振玉自日本抄录的佚文24篇,均为骈文。

(二)作品简介

《滕王阁序》全称为《秋日登洪府滕王阁饯别序》,或称《滕王阁诗序》。

滕王阁在洪州(今江西南昌),乃当时的名胜,是滕王李元婴(李渊之子)在贞观十三年(公元639年)受封为滕王后,官任洪州都督时所建,故称洪州滕王阁。公元675年9月9日,王勃27岁时去交趾探望父亲,途经洪州,参加阎都督在滕王阁举行的一次盛大的宴会,这篇骈文就是在这次宴会上的即兴之作。

全文以饯别滕王阁为中心事件展开,可分为四个部分,首尾两部分以叙事之笔起结,中间两部分一为写景,一为抒情。文章描绘了秀丽多姿的山川景色,记叙了高朋满座的聚会联欢,同时即景生情,抒发了作者怀才不遇、进退维艰的悲凉感慨,流露了不甘沉沦但又报国无门时内心的苦闷。四个部分首尾相承、前后呼应,脉络通畅、浑然一体。序文凭借作者个人的旷世文学天赋和超然骈文技艺,集结构、句式、语法、修辞、音律、气韵等诸多文艺要素于一体。全文用典贴切,音调铿锵,是千古名作。刘麟生在《中国骈文史》中论王勃骈文:"《滕王阁序》之妙,全在通篇一气呵成,雍容华贵,音调铿锵,疏快俊逸,完全为现代化之骈体文。此种文章上之时代精气,即此一篇,已可代表一切。"①

二、作品英译赏析

《滕王阁序》作为一篇具有中国文字特色的典籍,其翻译难度主要在于:一是历史典故太多;二是引申义句量大;三是历史人物及中国古代天文地理知识林立。要译好非常不容易,如果全部直译,读者很难明白很多东西;如果全部意译,文章则过于冗长,失去意境,成为彻头彻尾的解释性翻译。

(一) 题目的翻译

序是古典文献的一种体裁。自六朝至唐代,序文是骈文重要的"写作

---

① 刘麟生. 中国骈文史[M]. 北京:商务印书馆,1998:75.

阵地",序在早期时多用来"序典籍之所以作"①,即在写完一部著作后,叙述此著作创作的缘由,大致的内容、目录和体例,其文体功能略等同于现代意义上的序跋之"序"。随着文体的不断发展,以"序"名篇的文章内容不断扩大,为陈述缘由主旨,感兴抒怀言志、阐述个人思想等所作的以叙事和议论为主的文章都可称为序。与此同时,随时代的发展,序的文体功能逐渐完善,如"记游序"主要描写游览山川美景;"寿序"多为亲朋长辈祝寿的赞词;"赠序"用于亲友赠别,寄托美好祝愿;"游宴序"则描绘宴会盛况,或以此抒发情思,如《兰亭集序》《金谷诗序》。因此,在标题中"序"字可以译出,也可以不译。如:

① The Pavilion of Prince Teng

② The Tower of Prince Teng

③ Preface to the Teng Wang Pavilion

④ A Tribute to King Teng's Tower

译本①和②只是对"阁"采用了不同的译名,这两个词结合滕王阁的建筑情况,采用 tower 似更为贴切,pavilion 略显单薄。③和④两个译本除了上述对"阁"的不同译法外,还在于一个用了 preface 直接对应序,另一个用了 tribute 表示一种致敬或者情感,从前文提到"序"的文体来看,tribute 更好地反映了原作的意思。但是"王"用了 king 来表示,似乎含义扩大了一些,改译为"A Tribute to Prince Teng's Tower"更为恰当。

（二）罗经国译文

1. 豫章故郡,洪都新府。星分翼轸,地接衡庐。襟三江而带五湖,控蛮荆而引瓯越。物华天宝,龙光射牛斗之墟;人杰地灵,徐孺下陈蕃之榻。雄州雾列,俊采星驰。台隍枕夷夏之交,宾主尽东南之美。都督阎公之雅望,棨戟遥临;宇文新州之懿范,襜帷暂驻。十旬休假,胜友如云;千里逢迎,高朋满座。腾蛟起凤,孟学士之词宗;紫电青霜,王将军之武库。家君作宰,路出名区;童子何知,躬逢胜饯。

---

① 王应麟. 辞学指南［M］. 北京：中华书局,1998：324.

Nanchang, which was the capital of Yuzhang Prefecture during the Han Dynasty, now falls under the jurisdiction of Hongzhou. It straddles the border of the influence of the Ye and the Zhen constellations①, and is adjacent to the Heng and the Lu mountains②. The three rivers③ enfold it like the front part of a garment④ and the five lakes encircle it like a girdle⑤. It controls the savage Jing area⑥ and connects Ou⑦ and Yue⑧, and its products are nature's jewels. The radiance of its legendary sword shoots directly upward between the constellations *Niu* and *Dou*⑨. Its talented people are outstanding, and the spirit of intelligence pervades the place. This was the place where Xu Ru spent the night on his visit to Chen Fan⑩. The mighty Hongzhou spreads out immensely amid the fog, and the intellectual luminaries are as numerous as meteors chasing one another. It borders both the uncultured and the civilized areas, and its host and guests are all prominent people from the East and the South. Under

---

① In old times the sky was divided into 28 constellations, and each constellation had influence on a certain area on the earth. Nanchang was underthe influence of the Ye and the Zhen constellations.

② The Heng Mountain is located to the southwest of Nanchang and theLu Mountain to its north.

③ The three rivers are the Jing, the Song, and the Zhe rivers.

④ In old times there was a piece of cloth in the upper part of along gown, with which people used to wrap things.

⑤ The five lakes are the Tai, the Poyang, the Qingcao, the Danyang, and the Dongting lakes.

⑥ The Jing area was the Chu area prior to the Qin Dynasty. It was less developed than the rest of the country.

⑦ It now mainly refers to Zhejiang Province.

⑧ The name of a kingdom during the Zhou Dynasty(1046 B.C.－256 B.C.), mainly referring to the east of Zhejiang Province, Jiangsu Province, and part of Anhui Province.

⑨ It was said that during the Jin Dynasty, there appeared a purple vapor between the Niu and the Dou constellations. Later people discovered a precious sword in Hongzhou.

⑩ Xu Ru was a poor scholar in the Eastern Han Dynasty. Despite poverty, he declined to be a government official. When Chen Fan was the prefect of Yuzhang County, he received no guests except Xu Ru, for whom a bed was always prepared in his home.

the escort of guard of honor with halberds in their hands, Governor Yan, a man of high repute, comes to attend this event from afar. Prefect Yuwen①, a model of virtue, stops his carriage on the way to his new appointment. On this official holiday, which falls on every tenth day, good friends gather together, and a galaxy of distinguished guests from distant places fill the hall. Also present at the gathering are Master Meng, whose literary grace is as imposing as a dragon soaring and a phoenix dancing, and General Wang, who has weapons as sharp as the famous swords "Purple Lightning" and "Blue Frost" in his armory. I, an ignorant boy, have the good fortune to take part in this grand banquet on my journey to visit my father, who is a magistrate of a county.

　　这是开篇叙事的第一部分,作者紧扣"洪都新府",极力铺陈渲染,勾勒出一幅群英荟萃、高朋满座的绚丽画卷,尽显宴会的豪华气韵和高端背景。译文前两句分别用"capital"和"jurisdiction""straddle the border of"和"is adjacent to"等近义关键词语意译原作的"故郡"与"新府","天象"与"地位"。第三句分别用"three rivers"和"five lakes","control"和"connect"直译原作的"三江"和"五湖","控"和"引",生动形象地描述了南昌的地理方位,天时与地利跃然纸上。接着将千古名语"物华天宝"和"人杰地灵"分别译为"its products are nature's jewels"和"its talented people are outstanding, and the spirit of intelligence pervades the place",等效达意、类而不同。而且本句有两处典故,一为"龙光",二为"下榻"。"龙光"是指宝剑所发出的光芒。传说晋时牛、斗二星之间常常会出现紫气。这个典故包含中国传统文化中的天兆观念,万物有灵,灵气与天相通。西方读者读到这里可能会联想到西方的星象学说,然而星象学毕竟联结的是宗教与巫术,这与中国的天兆观念是不能全然类比的,Constellation(星座)一词是英文中对中国星宿概念最贴切的解释。"下榻"的典故是说东汉时名士徐孺子满腹经纶且淡泊名利,德行为人所敬仰。陈蕃到豫章郡做太守,礼贤下士,为了迎接徐孺子专门设下卧榻,徐孺子来则放下,走则挂起,遂传为美谈。罗译在这里丝毫

---

① It refers to Yuwen Jun, who was newly appointed as prefect of Lizhou.

不提"下榻"二字,而只是简单地说 "This was the place where Xu Ru spent the night on his visit to Chen Fan",然后做注解释了陈蕃和徐孺子的身份及故事。这么做既减轻了西方读者理解的难度,又增加了阅读的趣味性,可谓一举两得。此后的译文生动传达了原文关于洪州城房屋像雾霭罗列、人才像繁星闪耀的两个比喻,形神兼备;再后直译"腾蛟起凤"和"紫电青霜"两大比喻,恪守气韵。最后一句,罗经国运用了换序译法,更换了前后文的次序。中国人讲究谦虚,中国人谦辞的精髓就是"压低自己,抬高他人",而英美文化在人与人的交流中比较直接,会直接赞扬对方的好,直接表达自己的喜悦与感激,并不会刻意压低自己。为了使译文做到最大程度上的通顺,罗译直接以"I, an ignorant boy"开头。

2. 时维九月,序属三秋。潦水尽而寒潭清,烟光凝而暮山紫。俨骖騑于上路,访风景于崇阿。临帝子之长洲,得天人之旧馆。层峦耸翠,上出重霄;飞阁流丹,下临无地。鹤汀凫渚,穷岛屿之萦回;桂殿兰宫,即冈峦之体势。

披绣闼,俯雕甍,山原旷其盈视,川泽纡其骇瞩。闾阎扑地,钟鸣鼎食之家;舸舰弥津,青雀黄龙之舳。云销雨霁,彩彻区明。落霞与孤鹜齐飞,秋水共长天一色。渔舟唱晚,响穷彭蠡之滨,雁阵惊寒,声断衡阳之浦。

It is September, the third month of autumn. The puddles on the ground have dried up, and the water in the pond is cool and translucent. At dusk the rays of the setting sun, condensed in the evening haze, turn the mountains purple. In the stately carriages drawn by the horses we make our way ahead, visiting the attractive scenic spot in the mountains. Soon we arrive at the riverbank, where the King Teng's Tower beckons, then we ascend the tower where the fairy once dwelled①. Ranges upon ranges of green mountain rise as high as the sky. The red glow in the water is the reflection of the richly painted tower that seems hovering in the air. From its heights no land is visible. Circling around are the wild ducks on the sandbars. Cassiawood courts and magnoliawood halls rise and fall like mountain ranges. Pushing open the door

---

①　It refers to King Teng's Power.

carved with decorative patterns, I look down upon endless waves of brightly tinted roof tiles, each elaborately engraved with lovely etchings. A panorama of mountains and plains stretches beneath me, and I am mesmerized by the mighty scene of the winding rivers and big lakes. In the city there are houses everywhere. There are families of great affluence, whose meals are served with many cooking tripods of food and to the accompaniment of music. Massive ships and fierce war vessels are densely moored at the ports. On the sterns of many ships are carved designs of blue birds and brown dragons. The rain has just let up and the rainbow has vanished. The sunlight shoots through the rosy clouds, and the autumn water is merged with the boundless sky into one hue. The fishermen can be heard singing the evening songs, their voices drifting as far as the banks of the Poyang Lake. Even the wild geese feel the chill of dusk settling upon them, and they cry all the way while flying southward, disappearing around the south bend of the Heng Mountain.

这是原作的第二部分,重点在写景状物。作者紧扣"秋日"和"登滕王阁"六个字,描绘洪州美景,将秋日风光描写得淋漓尽致、光彩四溢。罗经国将"潦水尽而寒潭清,烟光凝而暮山紫"译为 The puddles on the ground have dried up, and the water in the pond is cool and translucent. At dusk the rays of the setting sun, condensed in the evening haze, turn the mountains purple. 译文分别用"dry up"和"cool","haze"和"purple"传达原作的水"尽"与潭"寒",烟"光"与山"紫",既符合季节的特征,又注重实物的特性。不仅前半句与后半句对仗,前半句中的"潦水尽"和"寒潭清",后半句中的"烟光凝"和"暮山紫"也是相互对仗的,此时主语变成了"the setting sun",而烟光变成了"the setting sun"的宾语。这种糅合并没有丢失原作的图像感,而在英语语境中增添了语言美,同时确保了前后两句的长度大体相同。"披绣闼,俯雕甍"短短六个字,一"披"一"俯",两个动作相辅相成,一个"绣闼"和一个"雕甍"又从细节着手直接表现了滕王阁建筑设计的古香之美。用"push open"和"look down upon"直译"披"和"俯",用"panorama"展示山川江河之全景,实而不拙。

由于时代背景的差异,译者在翻译时须适当增译,以帮助译文读者更好地了解这些文化词语的内涵,避免造成误解或歧义。"钟"指古代的一种乐器,"鼎"是古代的一种炊器。古代豪门贵族吃饭时常常奏乐击钟,用鼎盛着各种珍贵的食品,故"钟鸣鼎食"用于形容古时权贵用餐时的豪奢排场或富贵人家的奢侈生活。考虑到译文读者可能缺乏相关的文化知识,罗经国在翻译时除了译出"富贵之家"的本意外,还增译出"钟鸣鼎食"的场景,生动而形象地再现中国古代权贵的日常生活。"落霞与孤鹜齐飞,秋水共长天一色"是《滕王阁序》中流传最广的千古名句,译文基本上保持了原文的对仗风格,用" solitary wild duck "" multi-colored sunset clouds "" autumn water ""boundless sky"等关键词传达原作的"孤鹜"与"落霞""秋水"与"长天",用"fly alongside"和"be merged with...into one hue"翻译"齐飞"与"一色",选词精确,并力图简洁达意。为了使句子平衡,罗经国在"the sunset clouds"前面加上了"multi-colored"的修饰,这样前半句与后半句的长度保持相同,同时也为"落霞"加上了炫彩的属性。其中的"rosy"十分巧妙。"rosy"的原意为"玫瑰色的;愉快的,一切都称心如意的"。我们都知道落霞是红色的,那么仅用"red"好吗? 当然不好,"red"只是对落霞颜色的简单描写,而"rosy"赋予了此情此景一种轻松愉快的氛围,田园诗一般的画面感浑然天成。后半句"秋水共长天一色"的处理更加精巧,动词短语"be merged with"巧妙地勾画出了秋水与长空界限不清,彼此交融的朦胧之美,将视线放远、空间放大,字里行间展现出了场面的开阔之美。最后用"drifting as far as"和"disappearing around"翻译原作的渔歌"响穷"与雁群"声断",借助听觉联想,虚实相衬,传达远方美景,也能让译文读者身临其境。

3. 遥襟甫畅,逸兴遄飞。爽籁发而清风生,纤歌凝而白云遏。睢园绿竹,气凌彭泽之樽;邺水朱华,光照临川之笔。四美具,二难并。穷睇眄于中天,极娱游于暇日。天高地迥,觉宇宙之无穷;兴尽悲来,识盈虚之有数。望长安于日下,目吴会于云间。地势极而南溟深,天柱高而北辰远。关山难越,谁悲失路之人;萍水相逢,尽是他乡之客。怀帝阍而不见,奉宣室以何年?

Looking afar and chanting, and then looking downward and singing, I feel a sudden rush of ecstasy soaring up in me. The music of the panpipe is like a gentle cool breeze. The soft singing lingers on; it is so soothing that even the passing white clouds seem to come to a halt. The gathering here can be compared to the banquet in the bamboo garden hosted by Prince of Xiao of the Liang State①, and many a guest is a greater drinker than Tao Yuanming②. It is also like the feast at River Ye where Cao Zhi③ composed the poem in praise of the lotus flower. Present are many talented scholars who are asgifted as Xie lingyun of Linchuan④. It is not an easy thing to have four excellent things all at once, that is, good weather, beautiful scenery, full enjoyment and heartfelt happiness, and it is even more difficult to have a generous host and honored guests. I look into the vast expanse of the sky and amuse myself to my heart's content on this festive day. The sky is high and the land is boundless; I cannot but feel the immensity of the universe. Sadness follows happiness. I am aware that success and failure are predestined. I look into the distance, but Chang'an, the capital of the country, is far beyond the setting sun in the west, and Wuhui⑤ is unapproachable somewhere amid the clouds. At the farthest end of the south are the depths of the South Sea, and far away in the north is the pillar that upholds the sky, but the Polestar is still farther. Since the mountains and passes are hard to travel over, who would sympathize with the disappointed ones? The people I meet here are all politically frustrated, drifting together like duckweeds. I pine for the Emperor but am not summoned. How long should I

---

① Prince of Xiao of the Liang State of the Western Han Dynasty often entertained scholars in the bamboo garden by the Sui River.

② Tao Yuanming was the author of "A Tale of the Fountain of the Peach Blossom Spring".

③ Cao Cao and his son Cao Zhi often entertained guests by River Ye. Cao Zhi had written a poem in praise of the lotus flowers.

④ Xie Lingyun was an official in Linchuan Prefecture, Jiangxi Province. Another interpretation is that Wang Xizhi is referred to here, because he was also an official in Linchuan.

⑤ Wuhui is today's City of Suzhou in Jiangsu Province.

wait before I am called to the court again like Jia Yi①?

　　本部分为抒情励志之关键,作者紧扣"饯"字,开始将内心深处的跌宕情感和矛盾志向进行宣泄。译文首先用"a sudden rush of ecstasy soaring up in me"精准再现了原作的"逸兴遄飞",下一句用"gentle cool breeze"译"清风",有效传递了秋日神韵,继而用"linger on"和"seem to come to a halt"将"纤歌凝"与"白云遏"译得栩栩如生;关于"四美"和"二难"等有民族文化背景的词语,作者采用了常见的增译法;接下来的典故给原作英译设置了巨大障碍,但译者分别用"mountains and passes"和"drifting together like duckweeds"、"disappointedones"和"politically frustrated people"直意结合翻译"关山"与"萍水相逢","失路之人"与"他乡之客"。"盈虚"属于东方文化中的特有概念,古诗句中常指月之圆缺。但在此处,译者应结合上半句的"兴悲"综合分析"盈虚"的意义,不可仅停留于表面。此句表达的是作者对人生无常的感慨,而罗经国在翻译时抓住了其核心意义,将"盈虚"意译为(万物的)消长兴衰,即"success and failure",既准确勾勒出作者的内心世界,又为译文读者排除了阅读可能造成的困难与障碍,保证了交际活动的顺利进行。

　　4. 嗟乎! 时运不齐,命途多舛。冯唐易老,李广难封。屈贾谊于长沙,非无圣主;窜梁鸿于海曲,岂乏明时? 所赖君子见机,达人知命。老当益壮,宁移白首之心? 穷且益坚,不坠青云之志。酌贪泉而觉爽,处涸辙以犹欢。北海虽赊,扶摇可接;东隅已逝,桑榆非晚。孟尝高洁,空余报国之情;阮籍猖狂,岂效穷途之哭!

　　Alas! I am ill fated, and my life is full of frustrations. Feng Tang grew old quickly② and Li Guang had difficulty getting promoted③. Jia Yiwas

---

① During the reign of Emperor Wen of the Han Dynasty, Jia Yi was exiled to Changsha and was called back to the court four years later.

② Feng Tang was an official of a low rank in the Han Dynasty. During the reign of Emperor Wu, he was recommended to a high-ranking official. But it was too late, as he was already over ninety and could no longer serve the emperor.

③ Li Guang, a military man during the reign of Emperor Wu of the Han Dynasty. He had performed many military exploits but had never been fully rewarded.

unjustly exiled to Changsha. Was it because there was no wise emperor on the throne? Liang Hong had to seek refuge at the seaside①. Was it because there was no good government in his time? Fortunately what supports one is the belief that a man of noble character always contented with his lot. Old as one is, he gains vigor with age and by no means wavers in his aspiration. Poor as one is, he is all the more determined in adversity and by no means gives up his ambition. One keeps his integrity even if he has drunk the water of the spring of Avarice② and is cheerful even as he is confronted with misfortune. Though the North Sea is far away, one can still get there with the help of the strong wind. Though the morning is gone, it is not too late to make up the loss in the evening. Meng Chang was noble and honest, but his devotion to the country was futile③. Ruan Ji was unruly and untrammeled, but he burst out crying when in dire straits④. How can we learn from him?

　　本部分继续为抒情励志之关键,作者通过累如贯珠的名人轶事和历史典故来倾吐衷肠。罗经国继续对一些名词进行直译,如用"grew old quickly"和"had difficulty getting promoted"直译"易老"和"难封",对一些文化词汇则进行了意译,如分别用"a man of noble character"和"a man with a philosophical view""reconciles himself to poverty"和"is contented with his lot"翻译"君子"与"达人","见机"与"知命",用"by no means waver in his aspiration"和"by no means give up his ambition"翻译"白首之心"和"青云之志",将典故之晦涩化为英文之信达。"老当益壮,宁移白首之心? 穷且益

---

①　Liang Hong was a scholar during the Eastern Han Dynasty. He wrote a satirical song to criticize the noblemen and offended the emperor. He had to escape to the Qi and the Lu areas, which were near the sea.

②　It was believed that on the outskirts of Guangzhou there was the Spring of Avarice. People became avaricious after drinking its water.

③　Meng Chang was an upright official during the Eastern Han Dynasty, but he never got a high position.

④　Ruan Ji was a scholar in the Wei and the Jin dynasties. He was angry with the rotten politics of his time and often went out in his carriage. When the road was blocked, he would cry and turn back.

坚,不坠青云之志"的译文严格地遵循了对偶的句式,分别将前半句译为"old as one is"和"poor as one is"对仗工整,且在后面的句子中分别加入主语"he",符合西方人的行文习惯,注重句子逻辑结构。将"宁移"译为"by no means wavers"一方面表明王勃在逆境中也不消沉的决心,另一方面用介词短语表"绝不"这一坚定的态度。"白首之心"对应"青云之志",都是指远大的志向,罗经国将其处理为"aspiration"和"ambition",使句式对应。他还巧妙地压了尾韵,使得译句拥有了一种音韵美。

5. 勃,三尺微命,一介书生。无路请缨,等终军之弱冠;有怀投笔,慕宗悫之长风。舍簪笏于百龄,奉晨昏于万里。非谢家之宝树,接孟氏之芳邻。他日趋庭,叨陪鲤对;今兹捧袂,喜托龙门。杨意不逢,抚凌云而自惜;钟期既遇,奏流水以何惭?

I am an insignificant scholar of a low official position and am of the same age as Zhong Jun①, but unlike him, I have no opportunity to servein the army. I will follow the example of Ban Chao②, who threw aside the writing brush to enlist in the armed services and I admire Zong Que③ who made up his mind to seek a military career by braving the wind and waves. I am determined not to accept the offer of a lifelong government position by wearing a hair dress and holding a tablet before the chest as court officials do. Rather, I will travel thousands of li to go home to wait on my parents, paying respect to them morning and evening. As a son I am not as good as Xie Xuan④ but in my early years I had the fortune to have men of virtue as my neighbors. In a few days I

---

① Zhong Jun was a young man living in the Western Han Dynasty. He made up his mind to capture the king of the enemy when he was about twenty years of age.

② Ban Chao was a scribe during the Eastern Han Dynasty. He later performed military exploits and was rewarded.

③ Zong Que was a young man during the Southern Dynasties(420 – 589). When asked what he would do in the future, he answered that he would go to the front and "brave the wind and waves". Later he became a general.

④ Xie Xuan, a young man during the Eastern Jin Dynasty. His uncle praised him as "the treasure tree of the Xie family."

will be with my father and I will take care of him and receive instructions from him as did Kong Li①. On this day I have the honor to be invited by Governor Yan to this grand occasion. I am as blissful as if I had leaped over the Dragon's Gate②. Since I do not have someone like Yang Yi to recommend me③, I can only sigh with grief and caress this piece of writing which expresses my lofty aspiration. Now that I have met a bosom friend like Zhong Ziqi④, why should I be ashamed of presenting this writing of mine?

　　原作从这里开始收笔叙事,作者紧扣"别"和"序"二字,自叙人生壮志难酬的坎坷境遇和未来回归红尘的赤子心愿,表示当此离别之际。开始一句的"三尺微命"指地位卑下,"一介书生"指身份普通无奇,还给人以文弱之感。这句话就意义层面来讲并没有突出作用,属于可有可无的表达,而这种可有可无的表达在中国人的语言习惯中是不可缺少的。罗经国在翻译这个句子的时候果断运用了意译手法,省去了"一""三"这样让人不解的数词的翻译,简洁明快。罗经国用"an insignificant scholar of a low official position"翻译原作的"微命书生",有效传达了封建社会读书人的价值追求和作者的失意心态。他在翻译作者舍官保家的赤子心愿时,在两者之间巧置"rather"一词,人生志向一语中的,豪华落尽见真淳。译文将作者来日对父亲的孝道翻译为"I will take care of and receive instructions from him",用两个动词短语把书生的善良恭顺表达得淋漓尽致。将"今兹捧袂,喜托龙门"分别译为两句,陈述作者被邀参加宴会的荣誉,细致入微,只是对"龙门"翻译用了"the Dragon's Gate",可能给译语读者带了不一样的理解,毕竟

---

① Kong Li was the son of Confucius.

② The Dragon's Gate is a narrow pass in the shape of a gate in the Longmen Mountain where the Yellow River flows through. It was believed that if a carp leaped over the gate, it would turn into a dragon.

③ Yang Deyi recommends Sima Xiangru, a great poet, to Emperor Wu of the Han Dynasty.

④ Zhong Ziqi, a man living the Spring and Autumn Period. It was said that he was a master in playing the qin, a seven-stringed plucked musical instrument. Bo Ya regarded him as his bosom friend because he understood the music Bo Ya played.

我们的"龙"与西方的"dragon"的形象不一样。

6. 呜呼！胜地不常,盛筵难再;兰亭已矣,梓泽丘墟。临别赠言,幸承恩于伟饯;登高作赋,是所望于群公。敢竭鄙怀,恭疏短引;一言均赋,四韵俱成。请洒潘江,各倾陆海云尔。

滕王高阁临江渚,佩玉鸣鸾罢歌舞。

画栋朝飞南浦云,珠帘暮卷西山雨。

闲云潭影日悠悠,物换星移几度秋。

阁中帝子今何在? 槛外长江空自流。

Ah! A beautiful scenic spot is rarely seen, and a sumptuous banquet like this one is even less likely to be held again. The grand gathering at the Orchid Pavilion① is an event in history and the famous Jinggu Garden② is now in ruins. I have the good fortune to attend this feast and I would like to leave this farewell message at the time of parting. I count on all the gentlemen here to ascend the tower and contribute their writings. I humbly compose this short piece in all sincerity. Since every one of us is required to write a poem, the following is what I write:

The lofty King Teng's Tower Overlooks the River.

The jade pendants③ tinkle, and the carriage bells jingle.

The banquet's over, the guests are leaving, and the singing and the dancing have stopped.

In the morn the rosy clouds from the southern shore flit across the painted pillars.

In the eve the rain in the western mountains is drawn in by the red curtains.

The lazy clouds are reflected in the water and the days pass in leisure.

---

① See "Prologue to the Collection of Poems Composed at the Orchid Pavilion".

② See "Entertainment Given in the Peach and Plum Garden on a Spring Evening".

③ In old times people wore a jade pendant to the body and it gave a tinkling sound when the person moved.

Things change and stars move; how many years have passed since the building of the Tower?

Where is its builder, King Teng?

Only the River outside the railing flows to the east all by itself.

面对此情此景,作者最后以诗收尾,既遇人生知音,自当赋诗作文,以此留念。罗经国用"a beautiful scenic spot"和"a sumptuous banquet"翻译"胜地"和"盛筵",等值等效,而且"seen"和"again"巧押尾韵。最后用谦卑朴实的"I humbly compose this short piece in all sincerity"回应主题,终结全文。结尾一诗的翻译也体现了译者对中英两种语言的娴熟,如"画栋朝飞南浦云,珠帘暮卷西山雨"一句在现实中的景象应该是"南浦云朝飞画栋,西山雨暮卷珠帘",应是云飞过画栋而不是画栋飞向云,是风雨卷起珠帘而不是珠帘卷起风雨,而王勃偏偏把被动的说成是主动的,将主语和宾语颠倒,营造出一种奇妙而富有诗意的氛围。罗经国在译文的处理上,将原句复原了回来,并在开头押了头韵而不失美景的韵味,将其译为"In the morn the rosy clouds from the southern shore flit across the painted pillars.In the eve the rain in the western mountains are drawn in by the red curtains."

可以说,罗经国的译文以"忠实"为前提,在保证译文顺畅可读的同时也做到了结构、形式基本与原文一致,对一些典故和人物做了很好的注释,补充了必要的信息。译文用了头韵和尾韵的使用,但是又没有强求声律的对应,实现了语义和交际的互为补充,较好地传达了中国文化。

第三节　翻　译　练　习

一、原文

陋　室　铭
刘禹锡

山不在高,有仙则名。水不在深,有龙则灵。斯是陋室,惟吾德馨。苔痕上阶绿,草色入帘青。谈笑有鸿儒,往来无白丁。可以调素琴,阅金经。无丝竹之乱耳,无案牍之劳形。南阳诸葛庐,西蜀子云亭。孔子云:何陋之有?

二、注释

1. 陋室:简陋的屋子。

2. 铭:古代刻在器物上用来警诫自己或称述功德的文字,叫"铭",后来就成为一种文体。这种文体一般都是用骈句,句式较为整齐,朗朗上口。

3. 在:在于。

4. 名:出名,名词用作动词。

5. 灵:神奇、灵异。

6. 斯是陋室:这是简陋的屋子。斯,指示代词,此,这。是,表肯定的判断动词。

7. 惟吾德馨:只是因为我品德高尚就感觉不到简陋了。惟,只。吾,我。馨,散布很远的香气,这里指(品德)高尚。《尚书·君陈》:"黍稷非馨,明德惟馨。"

8. 苔痕上阶绿,草色入帘青:苔痕蔓延到台阶上,使台阶都绿了;草色映入竹帘,使室内染上青色。上,长到。入,映入。

9. 鸿儒:大儒,这里指博学的人。鸿,同"洪",大。儒,旧指读书人。

10. 白丁:平民,这里指没有什么学问的人。

11. 调素琴:弹奏不加装饰的琴。调,调弄,这里指弹(琴)。素琴,不加装饰的琴。

12. 金经:现今学术界仍存在争议,有学者认为是指佛经(《金刚经》),也有人认为是装饰精美的经典(《四书五经》)。金,珍贵的。

13. 丝竹:琴瑟、箫管等乐器的总称,这里指奏乐的声音。丝,弦乐器;竹,管乐器。

14. 乱耳:扰乱双耳。乱,形容词的使动用法,使……乱,扰乱。

15. 案牍:(官府的)公文,文书。

16. 劳形：使身体劳累。劳，形容词的使动用法，使……劳累。形，形体、身体。

17. 南阳诸葛庐，西蜀子云亭：南阳有诸葛亮的草庐，西蜀有扬子云的亭子。这句话是说，诸葛庐和子云亭都很简陋，但因为主人很有名，所以受到人们的景仰。南阳，地名。诸葛亮的躬耕隐居之地在邓县隆中，属于南阳郡。诸葛，诸葛亮，三国时蜀汉丞相，著名的政治家。西蜀，现在的四川。子云，扬雄，西汉文学家。

18.《论语·子罕》："君子居之，何陋之有？"作者在此去掉君子居之，体现他谦虚的品格。

三、翻译提示

骈句采用对仗、押韵等多种修辞手法，而如何通过英语表达再现汉语古诗句的音韵之美则是译者面临的一大难题。从语义翻译角度出发，译文应符合译出语文化和原作者的意思，准确客观地传达原文语义，并在此基础上尽可能保留骈句的形式对仗之美和音律之美。翻译这样的骈文重在传递信息，其关注点在于译文读者，所以译者要采取适当的翻译策略和方法以增强作品的可读性。因此，译者应高度重视译文读者的需求，多多考虑他们的语言习惯和审美观念，采取科学合理的翻译策略和方法。

《陋室铭》是唐代诗人刘禹锡创作的一篇托物言志的骈体铭文。全文短短八十一字，作者借赞美陋室抒写自己志行高洁，安贫乐道，不与世俗同流合污的意趣。文章层次明晰，先以山水起兴，点出"斯是陋室，惟吾德馨"的主旨，接着从室外景、室内人、室中事方面着笔，渲染陋室不陋的高雅境界，并引古代俊彦之居，古代圣人之言强化文意，以反问作结，余韵悠长。在翻译上需要注意两个问题，一是语义的准确传递，二是外在结构特征和内在文化底蕴的保留，可以采用注译、补译主语、意译和增译的翻译方法。

第四章
古典戏剧翻译
——《牡丹亭》

第一节　古典戏剧及英译概述

中国古典戏剧源于古代歌舞、宗教祭祀,民间文化,特别是说唱艺术曾给予它充分的滋养。自宋以降,无论是在瓦舍勾栏、草台庙会,还是在厅堂盛宴、书斋案头,中国古典戏剧都发挥着雅俗共赏、高台教化的责任,它在传播历史知识、弘扬民族精神、宣扬传统道德标准和价值取向、繁荣中国文学等方面发挥了重要作用。作为中国典籍的一种重要形式,许多中国古典戏剧被译介和传播到西方国家,并引起轰动。

一、古典戏剧概述

古典戏剧是中国传统文化的精髓之一,源远流长,形式多样,深受人们喜爱。主要包括京剧、评剧、黄梅戏、越剧、粤剧、昆曲等多种类型,每种类型都有其独特的表演形式、音乐、服装和妆面,以及丰富的文化内涵,也经历了不同时期的变革和发展。

古代戏剧的形成可以追溯到汉代,当时的戏剧形式以杂剧为主,主要表现形式是说唱结合。随着唐武宗时期"乐府新声"运动的发展,戏剧表演开始融入了音乐元素,形成了古代戏剧的雏形。进入元代,戏剧以元曲为代表,以其独特的音乐和舞蹈形式,对后世戏剧产生了深远的影响,也形成了重要的杂剧，其中杂剧《赵氏孤儿》享有盛名。明清以后，中国戏剧进入发展的繁荣期，各种戏曲类型相继出现并得到发展，如京剧、越剧、黄梅戏等，各具特色。尤其是京剧在清代得到了进一步的发展，成为中国戏剧的代表性形式之一。京剧的表演注重肢体语言和面部表情的传达，常常通过夸张的动作和声音来塑造人物形象，并展现情节的发展。进入近现代，中国戏剧经历了一系列的变革和挑战，既受到了西方文化的冲击和影响，也受到了政治、社会等方面的影响。在当代，中国戏曲仍然保持着活力，同时也面临着新的挑战和机遇。一方面，传统戏剧形式在当代社会中依然具有一定的影响力，受到了许多人的喜爱和追捧；另一方面，随着社会的变化和文化的多元化，新型的戏剧表演形式不断涌现，以适应观众的需求。

中国古典戏剧题材多样，风格各异，包括军国大事、社会问题、家庭纠葛、爱情故事、神话传说等等。由于我国是一个典型的农业国家，古人大都依赖土地，推行日出而作、日落而息的生活。这就要求娱乐大众的戏剧要注重自然节奏，着眼于现世和人事，在剧中深切地表现人们对生活、生命的感受。所以，中国古典戏剧中存在较多的悲剧意识，拥有很多悲欢离合的结构，如《汉宫秋》《长生殿》《琵琶记》《牡丹亭》等。

总的来说，古典戏剧不仅是一种艺术表演形式，更是中国传统价值观、历史故事和民族精神的重要载体，对中国文化产生了深远的影响。通过古典戏剧，人们可以感受到中国传统文化的博大精深，以及对人生、情感、道德等方面的深刻思考。戏剧的发展也是一个历史与现实相互交融、传统与创新并存的过程，它既承载着中国传统文化的精髓，又不断吸收和融合外来文化的精华，展现出了中国戏剧独特的魅力和生命力。

二、古典戏剧的语言特点

从艺术分类学角度来看，戏剧是与诗歌、小说、散文、报告文学等并列的文学体裁。因此，戏剧在语言上既不同于小说、散文，也不同于一般诗歌。它像诗，它的语言充满着诗意；同时，它又兼具小说的描绘性、通俗性、口语化、个性化。它的语言是以唱词为主，而又兼以宾白。它的唱词是具有戏剧特点的诗歌;它的宾白也是具有戏剧特点的散文,或者对子、四六骈语等。中国古典戏剧的语言特点主要体现在以下几个方面。

(一)带有音乐唱腔

古典戏剧的腔调和唱腔是戏曲表演的灵魂,它们通过音调、节奏、音色等方面的变化来表现人物的情感、身份和气质。古典戏剧中的唱腔非常重要,不同地区、不同剧种的戏曲都有独特的腔调和唱腔。比如,京剧的唱腔有京腔、胡腔、昆腔等,越剧的唱腔有江南腔、上海腔等,南戏的唱腔有弋阳腔等。每种唱腔都有其独特的音韵和表现方式,能够很好地与舞台动作、化妆服饰相配合,营造出独特的戏剧氛围。

(二)讲究对仗押韵

中国的戏曲是以唱为主,将唱、念、做、打相结合,比起一般的话剧,语言更为精练。因此,戏曲的唱词就要压缩再压缩,常常采用对仗和押韵的方式,通过平仄、押韵等手法来增加语言的韵律感和美感。对仗和押韵不仅仅是音韵上的呼应,更重要的是能够通过对仗和押韵来加深人物情感的表达,这种语言风格既能够让观众感受到语言的美感,又能够增强语言的表现力和感染力,在相同的时间里以少而精的唱词表现更多的内容和更丰富的思想感情。

(三)使用文白结合

从内容上说,戏剧语言应该意深而味浓,字与句都应饱含思想、深藏义理。从形式上说,应生动形象、活泼有趣。因此,古典戏剧的语言常常是文言文和白话文相结合的,既有文言文的庄重和优美,又有白话文的通俗和生动。这种语言风格既能够展现人物的身份和地位,也能够让观众更容易理解和接受,增加了戏剧的通俗性和受众的广泛性。戏剧艺术广泛的群众性要求它的语言通俗化、群众化。同时,戏剧艺术的舞台性还要求它的语言应该观听咸宜,既中听,又好说,唱词要明白晓畅,使观众一听就懂。

总的来说,古典戏剧的语言通常非常生动形象,常常使用富有想象力和寓意的比喻和象征,具有高度的艺术性和表现力,能够通过精妙的语言表达来展现人物形象和情节发展,吸引观众的注意力,引起观众的共鸣和思考,引导观众思考和感悟,使作品更具思想性和艺术性。

三、古典戏剧英译概述

中国古典戏剧的英译肇始于传教士时期,至今有近三百年历史,大致经历了 4 个阶段:19 世纪之前欧洲语言转译为英语阶段,19 世纪传教士英译阶段,20 世纪海外汉学家翻译阶段和 21 世纪中外翻译并进阶段。在不同时期的历史语境中,古典戏剧的英译从文本选择、译介动机到出版传播呈现不同的特点。

元代戏曲家纪君祥的《赵氏孤儿》是我国第一部传入西方的杂剧,从被传入起就被大量的翻译和改编演出,在中外戏剧和文化交流中起了重要的作用。该剧的最早译者是法国传教士马若瑟(Joseph de Prenare),他于 1731 年在广州完成翻译,并将作品取名为《赵氏孤儿:中国悲剧》。但他的翻译不是全译,而是删去了原剧中的所有歌唱和词曲,因为在他看来,这些歌唱对欧洲人来说很难听懂①。1735 年,巴黎耶稣会的教士杜赫德(Du Halde)主编的《中华帝国全志》(*Description de la Chine*)出版,里面全文收录了马若瑟的译本。这是中国戏剧首次被译为外国文字并公开发表。第二年,该剧就被转译成多种语言,包括英、德、俄、意等。仅在接下来的三十年里,就有不同行业的人开始对其进行英译,产生了一系列的译本或译介、译评。其中,影响力最大的是演员兼剧作家墨菲(Arthur Murphy)在 1759 年改编翻译的伏尔泰的《赵氏孤儿》在伦敦德鲁里兰剧院(Drury Lane Theatre)开始演出,并且连续公演数量达到九场②。这一时期,这些英译本都是转译自欧洲的其他语言。

19 世纪时中国古代戏剧的译介活动不断增多,不仅传到了英国,也传到

---

① 钱林森. 纪君祥的《赵氏孤儿》与伏尔泰的《中国孤儿》——中法文学的首次交融[J]. 文艺研究,1988(02):118 - 129.

② 赖文斌. 元杂剧《赵氏孤儿》在十八世纪英国的译介与传播[J]. 四川戏剧,2016(06):101 - 103.

了美国。在英国,最早翻译中国古典戏剧的是德庇时(John Francis Davis,1795—1890 年),他曾经翻译了《老生儿:中国戏剧》(*Laousengurh*,*or An Heir in His Old Age*,1817 年)和《汉宫秋:中国悲剧》(*HanKoongtsew*,*or the Sorrow of Han*,*a Chinese Tragedy*,1829 年)。外交官斯当东(Thomas Staunton)翻译了清朝图理琛的《异域录》(1821 年),其中收有《窦娥冤》的剧情概要。此外还有斯坦特(G. L. Stent)翻译的《薛仁贵荣归故里》(1875 年)、亚当斯(G. Adams)的《中国戏剧》(1895 年)选译了《刍梅香》《琵琶行》《忍字记》等。在美国,较早翻译中国古典戏剧的译者是卫三畏(S. W. Williams),他曾译《合汗衫》。1898 年乔治·坎德林(George T. Candlin)在《中国小说》一书中节译出《西厢记》十五折。还包括亚历山大(R. Alexander)编译三国题材剧本《貂蝉》(1869 年),斯坦顿(W. Stanton)撰译的《中国戏剧》一书等。这一时期由于传教士和早期来华外交官等的努力,古典戏剧开始由汉语直接翻译成英语,并取得了一些成果。

20 世纪的英语世界对中国戏曲进行了比较全面、科学的研究[①],其翻译数量和质量都明显上升。20 世纪出版的中国古典戏剧译介单行本有麦嘉温(J. Macgowan)的《美:中国戏曲一种》(1911 年)、华裔学者熊式一(S. I. Hsiung)的英译本《西厢记》(1935)。在英文前言中,序者将崔莺莺同莎士比亚名剧《罗密欧与朱丽叶》里殉情的女主人公相提并论。一年后牛津大学出版社、斯坦福大学出版社、伦敦 H.米尔福德出版社又同时出版了亨利·H.哈特(Henry H. Hart)翻译的《西厢记:中世纪戏剧》。1920 年,在美国,《亚洲》杂志第 20 期刊登了 T. Y. Leo 所译的《西厢记,中国八世纪的故事》。关汉卿的名剧《窦娥冤》也由朱克(A. E. Zucker)节译,收入 1925 年波士顿里特尔·布朗公司出版的《中国戏剧》一书。1935 年,由熊式一翻译改编的《王宝川》(题名《宝川夫人》)由纽约利物莱特出版公司出版。1944 年,哥伦比亚大学出版社出版了王际真编译的《中国传统故事》,其中收录他所译的《西厢记》片段。司各特(A. C. Scott)从 1967 年到 1975 年译介了

---

① 黄鸣奋. 二十世纪英语世界中国古代戏剧之传播[J]. 戏曲研究,1998,(01):185 - 199.

六部古典京剧：《蝴蝶梦》《四郎探母》《思凡》《十五贯》《拾玉镯》和《女起解》。阿灵顿（L. C. Arlington）和艾克顿（Harold Acton）编译的《戏剧精华》收有京剧五部：《击鼓骂曹》《捉放曹》《群英会》《黄鹤楼》和《貂蝉》。1972年，剑桥大学出版社推出华裔学者石钟雯（Chung-wen Shih）翻译的关汉卿代表作《窦娥冤》，书中附有中文原文作为参照，并有详细注释。1976年，华裔学者陈莉莉翻译的《董解元西厢记》和陈世骧与艾克顿合译的《桃花扇》分别由梅尔本出版公司及加利福尼亚大学出版社出版。1978年，汉学家杜维廉（William Dolby）将自己翻译的《双斗医》《官门子弟错立身》《秋胡戏妻》《浣纱记》《中山狼》《卖胭脂》《霸王别姬》以及《评雪辨踪》结集成《中国古今八剧》，由伦敦保罗·艾莱克出版社出版。1980年，美国汉学家白之（Cyril Birch）英译本《牡丹亭》由印第安纳大学出版社出版，这也是英语世界首个《牡丹亭》全译本。同年，纽约哥伦比亚大学出版社推出了莫利根（Jean Mulligan）翻译的《琵琶记》，亚利桑那大学出版社推出了汉学家柯润璞（J. I. Crump）的专著《忽必烈时代的中国戏剧》，其中附有作者英译的《李逵负荆》《潇湘雨》《魔合罗》三部剧。1995年，汉学家奚如谷（Stephen H. West）与伊维德（Wilt. L. Idema）合作推出了《西厢记》英译本。这一时期，由于中外学者的一起参与，英语世界中国戏剧典籍英译呈现欣欣向荣之势。

进入21世纪后，随着中国文化"走出去"战略的实施，中国古典戏剧的翻译进入了一个中外并进的阶段。外国汉学家的研究进一步深入翻译出版，加强了戏剧的英译工作。而我国一些国家工程的实施则从国内视角来翻译中国戏剧，如1995年启动、运作近30年的《大中华文库》、2004年国务院新闻办公室与新闻出版总署启动的"中国图书对外推广计划"、2009年的"中国文化著作翻译出版工程"和2010年的"中国文学海外传播工程"等。许多戏剧典籍得以翻译或重译，并在世界范围内加以推广。以《大中华文库》为例，古典戏剧占有很大比重，包括杨宪益、戴乃迭夫妇英译的《关汉卿杂剧选》（2004年）、《长生殿》（2004年），汪榕培英译的《牡丹亭》（2000年）、《邯郸记》（2003年）、《紫钗记》（2009年），许渊冲英译的《西厢记》（2003年），尚荣光英译的《桃花扇》（2009年）等，中国译者自己翻译的中国古典四大名剧第一次以相同的帧装版式出现在西方读者面前。更为重要的是,2008 年 10 月 24 日,由中国人民大学发起、全国政协京昆室、中国外文局等联合主办的"国剧海外传播工程"在北京正式启动,具体包括"百部国剧英译工程"、"国剧口述历史编纂整理工程"、"京剧中国"有声普及读物、"交响乐京剧海外巡演"等系列子项目。按此规划,《四郎探母》《群英会》《苏三起解》《拾玉镯》《打金枝》《五义人》《空城计》等 100 部京剧剧本将得到翻译出版。这些工程的实施,都大大促进了中国戏剧典籍的英译工作。

第二节　作者、作品简介及作品英译赏析

一、作者、作品简介

（一）作者简介

汤显祖(1550—1616 年),字义仍,号若士,又号海若,别署清远道人,江西临川人,明代戏曲家、文学家,被誉为"中国戏圣"和"东方莎士比亚"。汤显祖出身于书香门第,为人耿直,敢于直言,一生不肯依附权贵,49 岁时弃官回家。在文学上,汤显祖虽然也创作过诗文等,但成就最高的还是戏剧。他的戏剧创作现存主要有五种,即"临川四梦"(或称"玉茗堂四梦")及《紫箫记》。《玉茗堂全集》为诗文集,共四十四卷,包括文集、赋集、诗集、尺牍等,有明天启间、清康熙间刻本。"临川四梦"即《紫钗记》《牡丹亭》《邯郸记》和《南柯记》。这四部作品中,汤显祖最得意、影响力最大的当数《牡丹亭》,从不同侧面折射了汤显祖的时代及其戏剧思想。具有深刻的思想内涵和卓越的艺术成就的《牡丹亭》,不仅是汤显祖的代表作,而且是中国戏曲史上一部浪漫主义的杰作。

（二）作品简介

《牡丹亭》全名为《牡丹亭还魂记》,又名《牡丹亭梦》或《还魂记》,是汤

显祖的代表作,全剧共 55 出。

　　具体写的是南宋时期,南安杜太守的女儿杜丽娘在春游花园后梦中与自己理想中的男子柳梦梅相会,两人一见钟情,互诉衷肠。然而杜丽娘之母叫醒了杜丽娘,打破了她的梦境。从此以后她一心眷念柳梦梅,因而成疾,含恨而死,后又托梦于柳梦梅,得到他的调护。地府判官念其深情,允许她魂游人间寻找情人。由于"情之所至,金石为开",她又得以死而复生,终于和柳梦梅结成良缘。剧本通过杜丽娘为追求爱情"梦而死""死而生"的情节,讴歌了"情"对"理"(礼教)的胜利,精心塑造了杜丽娘敢于背叛封建礼教,大胆追求婚姻自主与自由幸福的这一典型形象,细腻地描写了她在现实生活中的悲剧命运和在理想世界中的喜剧结局的全过程。全剧对封建礼教做了有力的抨击,对年轻姑娘为挣脱封建礼教的束缚,争取幸福生活进行了热情的赞美。全剧构思奇特,富于浪漫主义色彩,语言绚丽多彩,曲辞优美,是明代传奇中最优秀的剧作。

二、作品英译赏析

　　早在 17 世纪初,《牡丹亭》已经传入日本,但最早译成西方文字则是1929 年徐道灵在《中国爱情故事中》摘译的《牡丹亭》,译入语为德语,而最早的英译本是 1939 年 4 月艾克顿(H. Acton)载于《天下月刊》第 8 卷选译的《牡丹亭·春香闹学》。之后,出现了杨宪益、戴乃迭夫妇译本,翟楚、翟文伯父子译本,白之译本,张心沧译本,张光前译本,宇文所安译本,陈美林译本,汪榕培译本,许渊冲译本等不同的选译、节译、全译等译本。更重要的是,2014 年由汪榕培教授领衔翻译的《汤显祖戏剧全集》(英文版)由上海外语教育出版社出版,成为迄今唯一一部汤显祖戏剧全集的权威译本。

　　原文:《牡丹亭》第十出"惊梦"片段

　　【醉扶归】(旦)你道翠生生出落的裙衫儿茜,亮晶晶花簪八宝填,可知我常一生儿爱好是天然。恰三春好处无人见。不提防沉鱼落雁鸟惊喧,则怕的羞花闭月花愁颤。

（贴）早茶时了，请行。（行介）你看：画廊金粉半零星，池馆苍苔一片青。踏草怕泥新绣袜，惜花疼煞小金铃。（旦）不到园林，怎知春色如许？

【皂罗袍】原来姹紫嫣红开遍，似这般都付与断井颓垣。良辰美景奈何天，赏心乐事谁家院？凭般景致，我老爷和奶奶，再不提起。（合）朝飞暮卷，云霞翠轩，雨丝风片，烟波画船。锦屏人忒看的这韶光贱！（贴）是花都放了，那牡丹还早。

【好姐姐】（旦）遍青山啼红了杜鹃，荼蘼外烟丝醉软。春香呵，牡丹虽好，他春归怎占的先？（贴）成对儿莺燕呵！（合）闲凝晒，生生燕语明如剪，听呀莺歌溜的圆。（旦）去罢。

白之 Cyril Birch 译文：

BRIDAL DU:

See now how vivid shows my madder skirt.

How brilliant gleam these combs all set with gems-you see, it has been

Always in my nature to love fine things.

And yet, this bloom of springtime no eye has seen.

What if my beauty should amaze the birds

And out of shame for the comparison

"cause fish to sink, wild geese to fall to earth,

Petals to close, the moon to hide her face"

While all the flowers tremble?

SPRING FRANGRANCE: Please come now. It's almost breakfast time.

(They begin to walk)

Look how

While on the lacquered walkway

Traces of gold dust glitter.

There on the lodge at pool's edge

Mosses make a green mass.

Timid lest the grass stain

Our newly broidered socks

We grieve that the flowers must bear

The tug of tiny gold bells.

BRIDAL DU: Without visiting this garden, how could I ever have realized this

splendor of spring!

See how deepest purple, brightest scarlet

Open their beauty only to dry well crumbling.

"Bright the morn.lovely the scene."

Listless and lost the heart

— Where is the garden "gay with joyous cries"?

My mother and father have never spoken of any such exquisite spot as this.

BRIDAL DU, SPRING FRANGRANCE:

Streaking the dawn. close-curled at dusk,

Rosy clouds frame emerald pavilion;

Fine threads of rain. petal borne on breeze,

Gilded pleasure boat in waves of mist:

Glories of spring but little treasured

By screen-secluded maid.

SPRING FRAGRANCE:

All the flowers have come into bloom now, but it's still too

early for the peony.

BRIDAL DU:

The green hillside

Bleeds with the cuckoo's tears of red azalea.

Shreds of mist lazy as wine fumes thread the sweet briar.

However fine the peony,

How can she rank as queen

Coming to bloom when spring has said farewell!

SPRING FRAGRANCE: Seeing them pairing, orioles and swallows!

BRIDAL DU.SPRING FRAGRANCE:

ldle gaze resting

There where the voice of swallow shears the air

And liquid flows the trill of oriole.

BRIDAL DU: Say no more!

汪榕培译文：

DU LINIANG: (To the tune of Zuifugui)

You say my dress is fine

And hairpins shine,

But love of beauty is my natural design.

My beauty is concealed in the hall. But it'll make fish delve and birds fall

And outshine blooms, the moon and all.

CHUNXIANG:

lt's time for breakfast. Let's go.

(Begins to move)

Look,

"How the painted corridor shines!

How green the moss appears in endless lines!

To walk on grass l fear to soil my socks:

To love the blooms! want to keep them under locks."

DU LINIANG;

If I had not come to the garden. how could l have tasted the beauty of spring!

(To the tune of Zaoluopao)

The flowers glitter brightly in the air,

Around the wells and walls deserted here and there.

Where is the "pleasant day and pretty sight"?

Who can enjoy "contentment and delight"?

Mom and Dad have never mentioned such pretty sights.

DU LINIANG. CHUNXIANG;

The clouds at dawn and rain at dusk.

The bowers in the evening rays.

The threads of shower in gales of wind,

The painted boat in hazy sprays:

All are foreign to secluded maids.

CHUNXIANG:

All the seasonal flowers are in full blossom. but it's still too early for the peony.

DU LINIANG:

(To the tune of Haojiejie)

Amid the ted azaleas cuckoos sing;

Upon roseleaf raspberries willow-threads cling.

Oh, Chunxiang.

The peony is fair indeed,

But comes the latest on the mead.

CHUNXIANG:

Look at the orioles and swallows in pairs!

DU LINIANG.CHUNXIANG;

When we cast a casual eye,

The swallows chatter and swiftly fly

While orioles sing their way across the sky.

DU LINIANG;

It's time to leave.

许渊冲译文：

Belle (Sing to the tune of Drunkard's Return):

You see my skirt emerald green and ruby red,

My hairpin sparkling with jewels on my head?

The love of beauty is inborn with me,

Why is beauty inborn for no man to see?

On seeing me, fish would feel shy,

And wild geese come down from the sky,

The moon would close her eye.

Flowers with me can't vie.

Fragrant: It is already time for the morning tea now, let us go.

(Walking) You see

The painted veranda with golden power bright.

The mossy poolside bowers green our sight.

Treading on grass. you fear your new shoes might he soiled.

To scare birds away from flowers. golden bells have toiled.

Belle: If l did not come to the garden, how could l know spring's splendor?

(Sing to the tune of Silk Robe)：

A riot of deep purple and bright red.

What pity on the ruins they overspread!

Why does Heaven give us brilliant day and dazzling sight?

Whose house could boast of a sweeter delight?

What beautiful scenery!

Why have my parents never mentioned it to me?

Together; At dawn on high

Rainbow clouds fly;

At dusk the green

Pavilion is seen.

In misty waves mingle the threads of rain.

The wind swells sails of painted boats in vain.For those behind the screen

Make light of vernal scene.

Fragrant; All flowers are in bloom. but it is still early for the peony.

以上三个译本都比较注重戏剧唱词的特征,采取隔行断句的译法。汪榕培和许渊冲两位译者更注重唱词的韵脚在英译中的表现，采取了更为押韵的译法。同时，在戏剧人物名称的翻译上，汪榕培采用了音译，而白之和许渊冲都采取意译，白之将杜丽娘译为"Bridal Du"，将春香直译为"Spring Fragrance"，将柳梦梅直接音译为"Liu Mengmei"，这种意译女名、音译男名的译法是翻译古典文学作品人名的通用方式。需要指出的是，白之在其译本前言和封底的介绍中，用了很多笔墨来叙述杜丽娘形象的丰富性，可见白之对《牡丹亭》中的女性形象更为重视。许渊冲将杜丽娘译为"Belle"，虽便于外国读者阅读，但有些文化意义上的缺失。杜丽娘的形象在戏剧中塑造得非常丰富，译为"Belle"有些偏重其美貌，而汤显祖更想表现的是杜丽娘那种超越生死的至深之"情"。唱词中的名句"原来姹紫嫣红开遍，似这般都付与断井颓垣"中的"姹紫嫣红"，白之译为"deepest purple，brightest scarlet"，汪榕培译为"The flowers glitter brightly in the air"，许渊冲译为"A riot of deep purple and bright red"。除了汪榕培的译文外，另外两位译者都力图用对应的词语译出"紫"与"红"的含义，可以看出在选词上的深思熟虑和反复推敲方面，英译也较为贴切地传达了此词语在汉语中的丰富含义。

白之的译文以流畅的现代英语再现了原著的风貌，从总体上说是忠实于原文的，唱词部分和诗体部分都采用了自由诗的形式。

以"原来姹紫嫣红开遍，似这般都付与断井颓垣。良辰美景奈何天，赏心乐事谁家院"为例。其译文是：See how deepest purple，brightest scarlet open their beauty only to dry well crumbling. "Bright the morn，lovely the scene，" Listless and lost the heart — where is the garden "gay with joyous cries"？

这段译文基本上是忠实于原文的，通顺流畅，节奏感也很强。更为可贵的是，他对"良辰、美景""赏心、乐事"这四美用了引号，并把它标注为"Bright the morn，lovely the scene"" gay with joyous cries"，体现了白之对相关典故的了解和认识。但是，他对之后的几行唱词"朝飞暮卷，云霞翠轩；云丝风片，烟波画船——锦屏人忒看的这韶光贱"则采取了完全改写的方式去翻译。

　　汪榕培译本较为准确地再现了原著的风采,其最大的特点是韵律齐整。在翻译唱词和诗句的时候,都以抑扬格为基本格式,采用了多种不同韵式。汪榕培译本应该也是在所有《牡丹亭》英译本中韵律最有特点、最为齐整的一部译作。从原作来看,《牡丹亭》情节离奇、曲折多变、意境深远、语言凝练、句式变化、极富韵律美和音乐美。对于原文的诗体部分及唱词部分,汪榕培在翻译时以抑扬格为主,同时受益于中国传统诗学,他非常注重平仄、句式和节奏,在一定程度上采用了英语传统格律诗的若干形式。尾韵法的大量使用,让汪榕培译本《牡丹亭》具有颇高的辨识度。一方面,汪榕培考虑到中西方文学样式的差异,尽量采用西方诗歌的形式。另一方面,汪榕培对诗歌的平仄、句式和节奏的处理上具有鲜明的本土化特征,带有一定的东方气质。从韵律来讲,抑扬格和尾韵的使用,让译文读起来很有节奏感,"fine/shine""sight /delight"韵腹和韵尾同时押韵的做法,使译文读起来隽永、深长。

　　以韵译韵是许渊冲译本的典型特点,这符合许渊冲整体的翻译诗学观念。他提出的诗歌翻译"三美原则"——意美、音美、形美同样运用于古典戏剧的翻译实践中,并且音美占了举足轻重的地位。《牡丹亭》的语言既有古典诗词的优美,也有生动鲜活的白话口语,口语与诗词的结合造就了《牡丹亭》既文雅又质朴的杂糅风格。这段翻译被视为许渊冲创造性阐释下的翻译。在几个译本中,他的译本最为简洁。这段译词中既用到了首韵或腹韵的押韵法,也用到了"acbc"的押尾韵方式,而且将原文中的陈述性语句改为六个"wh-"开头的疑问或感叹句。整段译词韵律感极强,充满了形式上的美,符合许渊冲对美化之艺术的追求。许渊冲在翻译时的高明之处就在于他的"从心所欲而不逾矩",他能够跳出所有翻译家的翻译思维,只为了使其译文在能为读者体现译者怡也得的效果。将杜丽娘译为"Belle",将春香译为"Fragrant Spring",似乎直接帮助读者更加便捷地体会到两个女性人物的意思,也体现了许渊冲以读者为中心的文化翻译策略。然而,颠覆性译法的使用多少还是让译文更多地体现在字面的"实"上。

第三节 翻译练习

一、原文

牡丹亭题词

　　天下女子有情，宁有如杜丽娘者乎！梦其人即病，病即弥连，至手画形容传于世而后死。死三年矣，复能溟莫中求得其所梦者而生。如丽娘者，乃可谓之有情人耳。情不知所起，一往而深。生者可以死，死可以生。生而不可与死，死而不可复生者，皆非情之至也。梦中之情，何必非真，天下岂少梦中之人耶？必因荐枕而成亲，待挂冠而为密者，皆形骸之论也。

　　传杜太守事者，仿佛晋武都守李仲文、广州守冯孝将儿女事。予稍为更而演之。至于杜守收考柳生，亦如汉睢阳王收考谈生也。

　　嗟夫，人世之事，非人世所可尽。自非通人，恒以理相格耳！第云理之所必无，安知情之所必有邪！

二、注释

　　1. 弥连：弥留，言久病不愈。《牡丹亭·诊祟》旦白："我自春游一梦，卧病至今。"

　　2. 手画形容：亲手为自己画像。此情节见《牡丹亭》第十四出《写真》。

　　3. 溟莫：指阴间。溟，同"冥"。

　　4. 荐枕：荐枕席，欲亲近于枕席，求亲昵之意也。语出《文选·高唐赋》。

　　5. 挂冠：辞官。

　　6. 密：亲近。

　　7. 形骸：形体，对精神而言。意谓肤浅之说。

　　8. 晋武都守李仲文：传说李仲文晋代为武都太守时丧女，年十八。暂葬于郡城之北。其后张世之代为郡之太守,世之有男字子常,年二十,梦一女,自言前府君女,不幸而夭,今当更生,心相爱慕,故来相就。其魂忽然昼现,遂共枕席。后发棺视之,女尸已生肉,颜姿如故。又梦女曰:"我将得生,今为君发,事遂不成!"垂泪而别。

9. 广州冯孝将儿女事:东晋冯孝将为广州太守,有子名马子,年二十余,夜梦一女,年十八、九,言:"我乃前太守徐玄方女,为鬼所害,许我更生,应为君妻。"马子至其坟祭之,发棺而视,女尸完好如生,乃抱置帐中,待气力恢复如常,遂为夫妇。事见《搜神后记》卷四,《异苑》卷八及《法苑珠林》等。

10. 杜守收考柳生:事见《牡丹亭》第五十三出《硬拷》。

11. 汉睢阳王收考谈生:汉之谈生,四十无妇,半夜读书,有女子年可十五六,来就生为夫妇,谓生曰:"勿以火照我,必三年方可。"生一儿二岁。生夜伺其寝,以烛照之,见其腰上生肉,腰下惟骨。妇觉,曰:"君负我!大义永离。"以一珠袍与生,裂生衣裙而别。后生持珠袍诣市,睢阳王家买之,王曰:"是我女袍,此必发墓。"乃收谈生拷之,生具以实对。王视女冢完好如故,发视之,得谈生衣裙;又见谈生之儿,颇似王女,乃召谈生为婿。故事见《列异传》。

12. 通人:学通古今的人。

13. 以理相格:用常理推究。

14. 第:但。

三、翻译提示

在进行古典戏剧翻译时,需要充分理解原作的文化背景和社会环境,以确保翻译的准确性和保持原著的精神。这篇题记是汤显祖对《牡丹亭》的总览,首段剖析了杜丽娘形象的精神实质,并提示译文读者,切不可仅作皮相的理解;第二段叙述《牡丹亭》故事的蓝本及源流;末段提出"情"与"理"的矛盾对立,表露出鲜明的倾向。此外,该题记还具有兼容并包的文学特征,诗词、赋、骈、散文、小说等文学体裁中的艺术成分都被它加以吸收和融化,成为展开戏剧冲突和塑造人物形象的手段。在翻译过程中,要注重保留原作的风格和语言特点,同时要考虑目标读者的文化背景和语言习惯,确保翻译作品通顺易懂。此外,还要注意对古典戏剧中的隐喻、象征和双关语等修辞手法的处理,以保证译文在表达和传达原作情感和意义的同时,也能符合译文读者的阅读习惯和审美需求。

第五章

"四书"的翻译

——《大学》

第一节　作品简介及作品英译概述

"四书"是中国典籍中的重要经典之一,由《大学》《论语》《中庸》《孟子》四部著作组成,集中体现了儒家思想的基本原则和道德理念,对中国传统社会的伦理道德、政治哲学以及教育思想产生了深远的影响。《四书》虽然不是江西的典籍,但因为江西理学家朱熹的编撰才使之成为儒家经典,因此,将其纳入赣鄱典籍的范畴。接下来四章将分别讨论"四书"的翻译。

《大学》是儒家经典之一,位列"四书"之首,它倡导的道德修养、社会责任感以及对和谐社会的追求,对于现代人来说,仍具有重要的指导价值和实践意义。其内容既深刻影响了中国传统文化和哲学思想,也影响了海外思想,在中外文明交流互鉴中具有十分重要的地位。

一、作品简介

(一)《大学》缘由

《大学》原为《礼记》中的一篇,后由南宋理学家朱熹重新编排整理。这部著作虽然篇幅不长,但其内涵丰富,集中体现了儒家的道德修养、政治理念和人生哲学。

《大学》相传为曾参（公元前505—公元前436年）所撰，被唐朝韩愈、李翱极力推崇。宋朝程颐、程颢兄弟对其进行了系统整理和深入研究，使其初具独立成经的地位。程颐指出："《大学》，孔氏之遗书，而初学入德之门也。于今可见古人为学次第者独赖此篇之存，而《论》《孟》次之。学者由是而学焉，则庶乎其不差矣。"之后朱熹将《大学》从《礼记》中分离出来，重加编排补正，撰写提要，详加注解，定名为《大学章句》，使其最终独立成书，与《论语》《中庸》《孟子》并称为"四书"，成为儒家经典体系的一个重要组成部分。

（二）三纲八目

《大学》虽只有两千余字，但开篇即提出了儒家追求的理想境界和核心思想"明明德""亲民"和"止于至善"三纲领。《大学》认为，人生来就具有高尚的德操，即"明德"。入世以后，"明德"逐步为尘欲所泯，故需接受"大学之道"的教育，使人重新发现其"明德"，力行"仁者爱人"之思想，达到尽善尽美的精神境界。随后又提出了实现这些纲领的具体途径，即"格物""致知""诚意""正心""修身""齐家""治国""平天下"八条目。在这八目中，"格物""致知"为探索求知，"诚意""正心""修身"是精修身心，"齐家""治国""平天下"为人生之目的。孙中山曾称赞说："中国政治哲学，谓其为最有系统之学，无论国外任何政治哲学都未见到，都未说出，为中国独有之宝贝。"其所论述之三纲、八目，是对人生之目的以及为达此目的所必须采取的步骤与方法，深入浅出，至精至微，发乎于远古，推及于素行，诚为珍贵。

此外，《大学》的另一个核心思想是"内圣外王"，即通过内在的道德修养达到外在的政治成就。这一思想强调了个人修养与社会责任的统一，认为只有内心修养达到一定水平的人，才能在社会和政治生活中发挥积极作用。《大学》也体现了儒家重视教育和文化传承的思想，即通过教育可以将道德理念和文化价值传递给下一代，从而促进社会的持续进步和和谐。

二、作品英译概述

《大学》最早的英译可追溯至 17 世纪末期,由来华传教士完成。1687年比利时传教士柏应理(Philippe Couplet)等人在巴黎编纂了 *Confucius Sinanum Philosophus*(《中国哲学家孔子》,中文书名为《西文四书直解》),介绍了孔子的生平,并收入了《大学》《论语》《中庸》的拉丁语译本。第二年,在阿姆斯特丹发行了该书的法文节译本 *La Moralede Coniucius*。1691年,在此书拉丁语或法语译本的基础上,出版商 Randal Taylor 在伦敦发行出版了英译本,其全书译名为《中国哲学家孔子的道德箴言——孔子活跃于我们的救世主耶稣基督到来的 500 年前,本书是该国知识遗产的精华》(*The Morals of Confucius, A Chinese Philosopher, who fourished above Five hundred Years before the Coming of our Lord and Saviour Jesus Christ, Being one of the Choicest Pieces of Learning Remaining of that Nation*)。这本书被认为是英语读者直接接触儒家经典的开端。

19 世纪开始出现了从汉语直接翻译成英语的《大学》译本。这段时期,来华的传教士成为英译的主力。英国传教士如马礼逊(Robert Morrison)、马士曼(Joshua Marshman)、柯大卫(David Collie)和理雅各(James Legge)等对《大学》进行了翻译。其中,较为完善的英译本有:1812 年伦敦会传教士马礼逊的译文,收录他的《中国通俗文学译文集》(*Horae Sinicae: Translations from the Popular Literature of the Chinese*);1814 年浸信会传教士马士曼的译文,收录其编写的《中国言法》(*Clavis Sinica: Elements of Chinese Grammar; with a Preliminary Dissertation on the Characters, and the Colloquial of the Chinese, and an Appendix Containing the Ta-hyoh of Confucius with a Translation*)一书中,作为附录以供练习之用,该译本利用字号和排版,将朱熹的注解与正文加以区分;译者补充的注释居下,既有对关键词和专有名词的解释说明,也有译者个人的评论,材料丰富。在《中国言法》里,《大学》篇章及其英译主要是作为英国读者了解、学习汉语的语言材料。译文后附《大学》里的 404 个汉字的解析,包括发音、字形构成、词义等。1828 年，另一名传教士柯大卫（David Collie，1791—1828 年）在马六甲出版了《四书》的第一部英文全译本 *The Chinese Classical Work Commonly Called the Four Books: Translated and Illustrated with Notes*。柯大卫的译本以朱熹的《四书集注》为底本，但没有收录原文。译文下方设脚注。脚注分为两部分：注释和评论。注释对关键词、古代典籍、历史背景、人物生平等进行了介绍和解释，以帮助英语读者理解。评论则是译者对原文相关文本和义理所发表的个人观点，常常表现为译者从基督教教义出发，对《四书》做出批驳。1861 年，中国香港伦敦传道会印刷所出版理雅各（James Legge，1815—1897 年）翻译的《中国经典》（*The Chinese Classics: with a Translation, Critical and Exegetical Notes, Prolegomena, and Copious Indexes*）。丛书第一、二卷即《四书》的英译，其中《大学》（*The Great Learning*）收录于第一卷①。理雅各翻译儒家经典的最初目的也是为了更深入地了解中国文化和中国人思想的底色，从而更有效地开展基督教在华传教事业。但与柯大卫明显带主观立场批判儒家思想不同，理雅各更注重寻找儒家思想与基督教教义间的会通之处，其动机可归纳为"译儒以补儒"。理雅各翻译的《大学》格式清晰，行文严谨，注释极其详尽，被誉为标准译本。

20 世纪，西方翻译家开始从《大学》等儒家经典中寻求解决西方社会问题的智慧，与此同时，中国学者进入翻译儒家经典行列。其中，美国诗人埃兹拉·庞德（Ezra Pound，1885—1972 年）是一个独特的案例。他先后三次翻译《大学》，著有 1928 年的译本（*TaHio, The Greal Leaming of Confucus*）和 1945 年的译本。庞德 1928 年的译本是从鲍狄埃的法文译本转译而来

---

① James Legge 所译中国典籍 *The Chinese Classics: with a Translation*, Critical and Exegetical Notes, Prolegomena, and Copious Indexes 共五卷，自 1861 年至 1872 年陆续出版。第一卷收录 Confucian Analects, the Great Learning, and the Doctrine of the Mean, 1861 年第一版，1869 年伦敦重印，1893 年 Clarendon Press（Oxford）出修订版。第二卷收录 The Works of Mencius, 1861 年第一版，1895 年 Clarendon Press（Oxford）出修订版。第三卷收录 The Shoo King（Book of Historical Documents），1865 年出版。第四卷收录 The She King（Classic of Poetry），1871 年出版。第五卷收录 The Ch'un Ts'ew（Spring and Autumn Annals），with the Tso Chue（Commentary of Zuo），1872 年出版。

的,当时没有引起太多关注。1947 年,庞德将 1945 年的新译本与《中庸》的译本合订出版(*Confucius: The Unwobbling Pivot & The Grat Digest*)。庞德的这个新译本采取了析字法,尝试揭示汉字背后的哲学意蕴,译得颇有趣味,也很有中国诗意,尤其是他对《大学》引证《诗经》诗句的翻译。中国学者林语堂、辜鸿铭、陈荣捷等人以修正错误、传递儒学价值为目的开展《大学》的英译工作。翻译家林语堂(1895—1976 年)的《大学》英译本收录在1938 年出版的《孔子的智慧》一书中。林语堂将"大学"译成"higher education",该译本行文流畅,几乎没有注释。1963 年,普林斯顿大学出版社出版了美籍华人学者、朱子学专家陈荣捷(Chan Wing-Tsit,1901—1994年)所编著的介绍中国哲学思想的书目 *A Source Book of Chinese Philosophy*(《中国哲学资料书》),其中收录了陈荣捷所译的《大学》。该译本的副标题"Moral and Social Programs"准确地点明了《大学》全篇的主旨。此书附录部分列举了 19 个中国古代哲学中的难译术语,并对前人的翻译进行了点评。20 世纪还有修中诚(E. R. Hughes)、缪勒(A. Charles Muller)、何祚康等人的《大学》译本。与 19 世纪的译本相比,这些译本少了"欧洲中心论"的痕迹,基本上都较为客观地再现了《大学》的基本思想。

21 世纪,西方汉学家浦安迪(Andrew Plaks)、加德纳(Daniel K. Gardner)等人继续进行《大学》的翻译与研究。其中,2003 年,普林斯顿大学的东亚学教授浦安迪翻译了《大学》和《中庸》的合订本,作为企鹅经典(Penguin Clasics)出版发行,译著的书名为 *Ta Hsueh and Chung Yung: The Highest Order of Cultivation and On the Practice of the Mean*,这是《大学》较新的译本。浦安迪把"大学"译为"the highest order of cultivation",并一定意义上揭示了其基本内涵。加德纳则将《大学》不同注本进行了比较翻译,探讨其内涵。

在这些译本中,有几部非常具有代表性和特色,如 19 世纪英国新教传教士马礼逊最早的《大学》英译本;"译儒以攻儒"为代表的柯大卫译本;学术影响深远的理雅各标准译本;致力于修正错误、传递儒学价值的林语堂和陈荣捷译本。下一节我们将主要围绕这些译本来展开鉴赏评析。

第二节 作品英译赏析

一、"三纲"英译赏析

原文：

大学之道，在明明德，在亲民，在止于至善。知止而后有定，定而后能静，静而后能安，安而后能虑，虑而后能得。物有本末，事有终始。知所先后，则近道矣。

马礼逊译文：

The great science (Ta-hio) contains (three things): a clear illustration of resplendent virtue; the renovation of a people; and how to proceed to the utmost bounds of goodness. First, know your object; afterwards determine; having determined, then be firm; be constant; consider well; and finally you will obtain it. [All] things have an origin and a conclusion; every affair has an end and a beginning. To know that which comes first and that which is last approximates to reason.

理雅各译文：

What the great learning teaches, is-to illustrate illustrious virtue; to renovate the people; and to rest in the highest excellence. The point where to rest being known, the object of pursuit is then determined; and, that being determined, a calm unperturbedness may be attained, To that calmness there will succeed a tranquil repose. In that repose there may be careful deliberation, and that deliberation will be followed by the attainment of the desired end. Things have their root and their completion. Affairs have their end and their beginning. To know what is first and what is last will lead near to what is taught in the Great Learning.

林语堂译文：

The principles of the higher education consist in preserving man's clear character, in giving new life to the people, and in dwelling (or resting) in perfection, or the ultimate good. Only after knowing the goal of perfection where one should dwell, can one have a definite purpose in life. Only after having a definite purpose in life can one achieve calmness of mind. Only after having achieved calmness of mind, can one have peaceful repose. Only after having peaceful repose can one begin to think, Only after one has learned to think, can one achieve knowledge. There are a foundation and a superstructure in the constitution of things, and a beginning and end in the course of events. Therefore to know the proper sequence or relative order of things is the beginning of wisdom.

陈荣捷译文：

The Way of learning to be great (or adult education) consists in manifesting the clear character, loving the people, and abiding in the highest good. Only after knowing what to abide in can one be calm. Only after having been calm can one be tranquil. Only after having achieved tranquillity can one have peaceful repose. Only after having peaceful repose can one begin to deliberate. Only after deliberation can the end be attained. Things have their roots and branches. Affairs have their beginnings and their ends. To know what is first and what is last will lead one near the Way.

本段翻译的难点在于，如何准确译出"大学"和"三纲"。"大学"的译法，按朱熹注释，"大学者，大人之学也。"马礼逊将"大学"译作"the great science"缩小了"大学"的内涵，但后面使用了拼音标明是一个不错的选择。理雅各的译法"the Great Learning"属于直译，意为"伟大的学问"，字面上的还原度高。由此，"the Great Learning"是目前"大学"一词最通行的译法。林语堂将其译为"the higher education"，虽逐字对应来看没什么大问题，但因"higher education"在现代教育体系里作为"高等教育"是一个专有名词，可能会造成西方读者产生不必要的比附和误解。陈荣捷将"大学"译作"the Way of learning to be great (or adult education)"略显冗长，而且括号内的"adult education"有成人教育的意思，可能造成误解。

如何准确翻译出"三纲",特别是"明明德""亲民",给译者提出了很高的要求。按照朱熹的解释,"明德"是所有人都禀受天的道德本性,能够与天地相通。"明明德"中第一个"明"为动词,第二个"明"为形容词,意指要彰显人与生俱来的灵明的德性,使之恢复最初的明净状态。"亲民"即"新民",意指在明自身之德后,由己及人,帮助其他人涤荡心灵之浊,使他们也能重获与生俱来的明德。"止者,以至于是而不迁之意;至善,则事理当然之极也"。马礼逊将"明明德"译作"a clear illustration of resplendent virtue",将"亲民"译作"the renovation of a people",基本意思差距不大,但句式不统一,与原文相比显得杂乱。此外,将"民"译成"a people"(一个民族)也不妥当。理雅各用三个不定式短语"to illustrate illustrious virtue""to renovate the people""to rest in the highest excellence"来对应上述三个动宾短语,保留了汉语原文结构一致的形式美。而且,理雅各对"明明德"的译法非常精妙,用"illustrate illustrious"这两个词根一致的词,成功再现了音美、形美。林语堂以"preserving man's clear character"来译"明明德",以"giving new life to the people"来译"亲民",虽然语言平实易懂,但在意义和形式上显得弱了一些。陈荣捷的译法为"consists in manifesting the clear character, loving the people, and abiding in the highest good",没有遵循《四书集注》中将"亲"解做"新"的说法,而是体现了王阳明对"亲民"的理解。关于"止于至善",几个译本都属于直译,但也较为符合原文之意。

随后一句中的几个词"定""静""安""虑"除了选词有难度外,其原文的顶针修辞手法更难以传递。马礼逊采取意译的方式,将原文进行简化,基本传达了原作的意思。理雅各对词意的把握比较准确,determine、unperturbedness、deliberation 都较好传达了原作的意思。相对而言,两个华裔学者的选词稍显简单和单薄,尤其是林语堂用"achieve knowledge"来翻译"能得",存在意义偏差。

最后一句"道"的译法是一个更为宏观和棘手的问题,即如何翻译中国文化中特有的多重内涵。结合上下文看,"则近道矣"的"道"当指文本开头的"大学之道",而朱熹也做解释:"明德为本,新民为末,知止为始,能得为终"——知道这样的道德心性修行的次序,那就接近"道"了。很明显,用

"reason""perfection""wisdom"难以完全再现"大学之道"的全部内涵。陈荣捷使用"the Way",这是对"道"的一种通常译法,但与本句前后内容有些不符。理雅各采取回避具体的词,将其转换为"what is taught in the Great Learning",最准确地说明了此处"道"的特定指代对象。

二、"八目"英译赏析

原文:

古之欲明明德于天下者,先治其国。欲治其国者,先齐其家。欲齐其家者,先修其身。欲修其身者,先正其心。欲正其心者,先诚其意。欲诚其意者,先致其知。致知在格物。物格而后知至,知至而后意诚,意诚而后心正,心正而后身修,身修而后家齐,家齐而后国治,国治而后天下平。

马礼逊译文:

The prince who, therefore, wishes that illustrious virtue may be understood under the whole heaven, must first govern well his own kingdom; he who wishes to govern well his kingdom, must first regulate his family; he who wishes to regulate his family, must first adorn with virtue his own person; he who would adorn with virtue his own person, must first rectify his heart; he who wishes to rectify his heart, must first purify his motives; he who would purify his motives, must first perfect his knowledge: knowledge has for its object the nature of things.

The nature and substance of things first exist, and are afterwards known; if known, the motive will be purified; after the motive is purified the heart will be rectified; the heart being rectified, the person will be adorned with virtue; when the person is adorned with virtue, then the family will be regulated; when the family is regulated, the nation will be governed well; when nations are governed well; under the whole heaven will be tranquility and happiness.

理雅各译文:

The ancients who wished to illustrate illustrious virtue throughout the empire, first ordered well their own States. Wishing to order well their States, they first regulated their families. Wishing to regulate their families, they first cultivated their persons. Wishing to cultivate their persons, they first rectified their hearts, Wishing to rectify their hearts, they first sought to be sincere in their thoughts. Wishing to be sincere in their thoughts, they first extended to the utmost their knowledge. Such extension of knowledge lay in the investigation of things.

Things being investigated, knowledge became complete. Their knowledge being complete, their thoughts were sincere. Their thoughts being sincere, their hearts were then rectified. Their hearts being rectified, their persons were cultivated. Their persons being cultivated, their families were regulated. Their families being regulated, their states were rightly governed. Their states being rightly governed, the whole kingdom was made tranquil and happy.

林语堂译文：

The ancients who wished to preserve the fresh or clear character of the people of the world, would first set about ordering their national life. Those who wished to order their national life, would first set about regulating their family life. Those who wished to regulate their family life would set about cultivating their personal life. Those who wished to cultivate their personal lives, would first set about setting their hearts right. Those who wished to set their hearts right would first set about making their wills sincere. Those who wished to make their wills sincere would first set about achieving true knowledge. The achieving of true knowledge depended upon the investigation of things.

When things are investigated, then true knowledge is achieved; when true knowledge is achieved, then the will becomes sincere; when the will is sincere, then the heart is set right (or then the mind sees right); when the heart is set right, then the personal life is cultivated; when the personal life is cultivated, then the family life is regulated; when the family life is regulated, then the national life is orderly; and when the national life is orderly, then there is peace in this world.

陈荣捷译文：

The ancients who wished to manifest their clear character to the world would first bring order to their states. Those who wished to bring order to their states would first regulate their families. Those who wished to regulate their families would first cultivate their personal lives. Those who wished to cultivate their personal lives would first rectify their minds. Those who wished to rectify their minds would first make their wills sincere. Those who wished to make their wills sincere would first extend their knowledge. The extension of knowledge consists in the investigation of things.

When things are investigated, knowledge is extended; when knowledge is extended, the will becomes sincere; when the will is sincere, the mind is rectified; when the mind is rectified, the personal life is cultivated; when the personal life is cultivated, the family will be regulated; when the family is regulated, the state will be in order; and when the state is in order, there will be peace throughout the world.

本段的翻译难点在于对"格物""致知""诚意""正心""修身""齐家""治国""平天下"这八目的确定，需要正确理解八目。朱熹在《大学章句》中对八目进行了详细解释，值得仔细阅读。在这八目的进阶中，修身是最重要的环节，从天子到平民，都要以修身为本。第一句中对"天下"的翻译，几个译者采取了不同的解读。在中国典籍里，"天下"可以是全中国，也可以是整个世界；既可以是国家统治的地方，也可以是自然界。这主要依赖于具体语境的变化。马礼逊用"under the heaven"，缺少对这个词文化内涵的把握，理雅各用"throughout the empire"，有传递主要意思，但按当时语境来说扩大了一些。两位华裔译者用"the world"表示，在这个语境中还是比较贴切的。

关于八目的翻译，四位译者都基本保留了原文的语序，再现了原文的风格。四个译本最大的区别在于对"格物致知"的理解，具体如下：马礼逊用"The nature and substance of things first exist, and are afterwards known"来译

"格物而后致知",体现了他对"物"的正确理解,但是仅仅用"exist",没有对"格"的含义进行表达。其他三位都用"investigate things"来表示格物,但是在致知上,理雅各将其译为"knowledge became complete",比较符合朱熹的解释——"致,推极也。知,犹识也。"林语堂加上"true"来对"知"进行修饰,陈荣捷译本基本与理氏一致。"诚意"一词,马礼逊用"purify"表示一种净化,不是很恰当,其他三位使用"sincere"表示,更为准确。而"正心",两位传教士使用了"the heart will be rectified",这像是一场矫正手术,不太合理,陈荣捷将"heart"换成了"mind",更好地体现了"心"的概念;林语堂使用的"the heart is set right(or then the mind sees right)"更为准确明白,因为"正心"主要指控制情志的意思。在"修身"的翻译上,后面三位译者使用的动词"cultivate"比马礼逊的"adorn with"更为恰当。修身是儒家的重要思想内容,自天子到庶人都应该修身,形成完美人格。关于"齐家"和"治国",四位译者也都采取了基本一致的表述。最后一条目"平天下",几位译者对"平"的理解有不同,马礼逊和理雅各认为除了安宁(tranquil)外,还有幸福(happy)之意,这与当下我们提倡的"人民对美好生活的向往"具有一定的相通性。两位华裔学者使用了"peace"一词,基本意义传递到位,但似乎少了一点儿内涵。

第三节　翻译练习

一、原文

《大学》(节选)

所谓诚其意者,毋自欺也。如恶恶臭,如好好色,此之谓自谦。故君子必慎其独也。

小人闲居为不善,无所不至,见君子而后厌然,掩其不善,而著其善。人之视己,如见其肺肝然,则何益矣。此谓诚于中,形于外,故君子必慎其独也。

曾子曰:"十目所视,十手所指,其严乎!"富润屋,德润身,心广体胖,故君子必诚其意。

所谓修身在正其心者,身有所忿懥,则不得其正,有所恐惧,则不得其正,有所好乐,则不得其正,有所忧患,则不得其正。心不在焉,视而不见,听而不闻,食而不知其味。此谓修身在正其心。

所谓齐其家在修其身者,人之其所亲爱而辟焉,之其所贱恶而辟焉,之其所畏敬而辟焉,之其所哀矜而辟焉,之其所敖惰而辟焉。故好而知其恶,恶而知其美者,天下鲜矣。故谚有之曰:"人莫知其子之恶,莫知其苗之硕。"此谓身不修不可以齐其家。

所谓治国必先齐其家者,其家不可教而能教人者无之。故君子不出家而成教于国:孝者,所以事君也;悌者,所以事长也;慈者,所以使众也。

二、注释

1. 诚其意:使意念诚实。

2. 恶恶臭:厌恶污秽的气味。

3. 好好色:喜爱美丽的女子。好色,美女。

4. 慎其独:在独自一人时要谨慎不苟,规行矩步。

5. 闲居:即独处。

6. 厌然:躲躲闪闪的样子。

7. 掩:遮掩,掩盖。

8. 著:显示。

9. 中:内心。下面的"外"指外表。

10. 润屋:装饰房屋。

11. 润身,修养自身。

12. 心广体胖:心胸宽广,身体舒泰安康。胖,大,舒坦。

13. 忿懥(zhì):愤怒。

14. 辟:偏颇,偏向。

15. 哀矜:同情,怜悯。

16. 敖惰：傲视，怠慢。敖，傲视。惰，怠慢。

17. 硕：大，肥壮。

三、翻译提示

    《大学》的英译与研究不仅是语言转换的过程，更是文化交流与传播的体现。《大学》是一篇推理严谨，道理十分明白的文章，对为人、为学都具有统领一切的纲领的性质。在语言上，可以利用汉语无固定词性的灵活性进行主谓和动宾结构的互换，构成简洁而明晰的逻辑语句。其翻译要求事先准备好必要的词语和搭配关系，然后按原文的逻辑推论顺序进行推论。作为新时代的译者，我们应采取积极的态度，综合考虑多方面因素，选择合适的译介策略，以促进《大学》在海外的传播。同时，需要进一步深入探究译介过程中的各个环节，以实现更高质量的文化传播。

第六章

"四书"的翻译

——《论语》

第一节　作者、作品简介及作品英译概述

《论语》是由孔子的弟子及再传弟子编纂的一部记录孔子言行的书籍。该书以语录体形式呈现,内容涵盖了孔子的哲学思想、伦理观念以及为人处世的准则。孔子的思想和《论语》对后世产生了深远的影响,不仅在中国,而且在全世界范围内都受到了重视和研究。

一、孔子简介

孔子,名丘,字仲尼,鲁国陬邑(今山东省曲阜市南辛镇)人,是中国古代著名的思想家、教育家和政治家,被联合国教科文组织评为"世界十大文化名人"之首。孔子生于公元前551年9月28日(农历八月二十七日),卒于公元前479年4月11日(农历二月十一日)。孔子是当时社会上最为博学者之一,一生大部分时间从事教育,相传弟子多达三千人,其中贤人七十二。

孔子集华夏上古文化之大成,创立了儒家学派,对中国,乃至东亚文化产生了深远的影响。孔子主张仁爱、礼义、忠恕等道德理念,强调个人的道德修养和社会责任,提倡仁、义、礼、智、信等道德理念,主张通过教育来培养人的道德品质和社会责任感。他认为,通过学习古代的礼仪和经典,人们可以成为有德行的君子。孔子还强调个人修养与社会和谐之间的关系,认为个人的道

德修养是社会秩序和政治稳定的基础。他主张有教无类,认为人人都有受教育的权利,并提倡因材施教。孔子一生修《诗》《书》,定《礼》《乐》,序《周易》,作《春秋》。在世时,孔子已被人们誉为"天纵之圣""天之木铎",其学说对后世产生了深远的影响,被后世尊为孔圣人、至圣、至圣先师、万世师表。

二、作品简介

《论语》是孔子及其弟子的语录结集,由孔子弟子及再传弟子编写而成,至战国前期成书。全书共 20 篇,492 章,总计两万余字。每章篇幅不一,最短的一章只有 6 个字,最长的一章则有 300 多字。《论语》内容和体裁丰富,涵盖了伦理、政治、教育、哲学等多个领域,有对话、警句、感悟等。《论语》以语录体为主,叙事体为辅,主要记录孔子及其弟子的言行,较为集中地体现了孔子的政治主张、伦理思想、道德观念及教育原则等。

《论语》不仅是儒家经典之一,也是中国古代文化的重要组成部分,对理解中国传统文化和思想具有重要价值。其中,"论"是论纂的意思,"语"是话语。因秦始皇焚书坑儒,西汉时期仅有口头传授及从孔子住宅夹壁中所得的本子,计有:鲁人口头传授的《鲁论语》20 篇,齐人口头传授的《齐论语》22 篇,从孔子住宅夹壁中发现的《古论语》21 篇。现存的《论语》是东汉郑玄混合西汉时所传古论、齐论、鲁论诸本而成的。通行的历代注本有《论语注疏》(何晏注、邢昺疏)、《论语集注》(朱熹)、《论语正义》(刘宝楠)及《论语译注》(杨伯峻)等。2011 年发现的南昌海昏侯墓出土了 5 200 多枚竹简,其中包含了失传1 800 年的《齐论语》,其他相关竹简还在辨认和研究中。《论语》的思想主要有三个既各自独立又紧密相依的范畴:伦理道德范畴——仁,社会政治范畴——礼,认识方法论范畴——中庸。《论语》中,孔子的许多名言,如"学而时习之,不亦说乎?""己所不欲,勿施于人"等,至今仍被广泛引用。

三、作品英译概述

最早的《论语》外译工作由来华传教士开始,最早的《论语》英译本出现在 1691 年,名为《孔子的道德哲学:一位中国哲人》(*The Morals of Confucius, A Chinese Philosopher*),是从拉丁文或法文转译而来的。真正从汉语直接翻译成英语的《论语》开始于 19 世纪。据学者统计,《论语》是除《道德经》之外被翻译成西方语言最多的中国典籍。迄今为止,《论语》英译全译本有 40 多种(不包括节译本),另外还有多种英译资料书也收录了《论语》的部分章节或段落。从 19 世纪初开始,《论语》英译事业绵延不绝,参与的译者除了英美学者和华人学者之外,还扩展到中国大陆、中国台湾等地的学者,甚至还有东南亚和欧洲大陆地区的学者。

第一个《论语》译者是在印度传教的英国人马士曼(Joshua Marshman,1768—1837 年)。马士曼从未到过中国,但他可能是第一位学习中文的新教传教士。他是在一位华人的帮助下学习中文的,并于 1809 年在印度出版了他本人翻译的《孔子著作》第一卷,取名为 *The Works of Confucius*。随后,英国传教士柯大卫(David Collie)在 1828 年出版了第一部《四书》英语全译本,其中包括《论语》。后来,美国汉学家卫三畏(S. W. Williams,1812—1884 年)在撰写其名著《中国总论》时,所用的就是柯大卫的译本。第三个译本是影响最大的译本,由传教士理雅各(James Legge)翻译的《论语》英译本。1861 年,该译本与其他《四书》一起被收录于《中国经典》(第一卷),并在中国香港出版,成为《四书》的标准译本,在一段时间内没有人再次翻译《论语》。

19 世纪末,晚清"怪才"辜鸿铭不满理雅各的翻译,为了让西方人了解真正的中国孔孟哲学,着手翻译《论语》。1898 年,他的第一本译著《论语》在上海别发洋行(Kelly and Walsh Limited)出版。这是由中国人翻译的第一部完整的英文版《论语》。由于辜鸿铭的翻译具有西化的语言特色,因而在西方受到欢迎。之后,出现了多位西方汉学家和翻译家的《论语》英译本,如翟林奈(Lionel Giles)、庞德(Ezra Pound)、苏慧廉(Edward Soothill)、韦利(Arthur Waley)等。自 20 世纪下半叶以来,随着中国改革开放和国力增强,西方社会对中国文化的兴趣增加,出现了大量《论语》英译本。译者包括了汉学家、哲学家、文学家等,他们的翻译理念和方法多样,有的注重忠实于原文,有的注重文化传递和读者接受,如西蒙利斯(Simon Leys)、安乐哲与罗思文(Boger T. Ames & Heny Rosemont, Jr.)等。直到1979年香港中文大学刘殿爵(D. C. Lau)教授翻译出版了《论语》,此后才又有中国学者翻译的《论语》陆续出版,如程石泉(1986年)、李天辰(1991年)、梅仁毅(1982年)、黄继忠(1987年)等。这些译本有研究型的,有普及型的,还有语境型的,他们的翻译风格和解读角度各不相同,为译文读者提供了多种理解和研究《论语》的途径。《论语》的英译工作体现了中西文化的交流与融合,随着中国在世界舞台上的崛起,其翻译和研究工作将继续发展,对促进世界文化多样性和理解具有重要意义。

第二节　作品英译赏析

一、"仁"的英译赏析

"仁"是儒家核心概念之一,体现了孔子的伦理道德观念。《论语》中出现了一百余次"仁",孔子认为"仁"是一种内在的道德情感,它要求个人在社会关系中表现出同情、关爱和尊重他人的态度。但是,孔子并没有为其给出一个严格的定义,其内涵也非常广泛,在不同语境下,孔子对"仁"的阐释也不尽相同,在翻译中值得注意。

（一）子曰:"巧言令色,鲜矣仁!"(《学而》)

理雅各译文:

The Master said, "Fine words and an insinuating appearance are seldom associated with true virtue."

刘殿爵译文:

The Master said, "It is rare, indeed, for a man with cunning words and an ingratiating face to be benevolent."

安乐哲译文:

The Master said: "It is a rare thing for glib speech and an insinuating appearance to accompany authoritative conduct(ren 仁) ."

　　这一句是孔子在讲仁的反面,即花言巧语,工于辞令。对此,朱熹注曰:"好其言,善其色,致饰于外,务以说人。则人欲肆而本心之德亡矣。圣人辞不迫切,专言鲜,则绝无可知,学者所当深戒也。"因此,要译好此句,关键在于"巧言令色"和"仁"。理雅各的 "fine words and an insinuating appearance",用"insinuating"很好地传达出"致饰于外,务以悦人"的含义,但"fine words"未能译出原文中"巧言"的贬义色彩。刘殿爵用"cunning"和"ingratiating"这两个略带负面的形容词来译"巧"和"令",在意义和感情色彩上都非常准确地传达了原文的意思。安乐哲的" glib speech and an insinuating appearance"具有贬义色彩,只是"speech"略显正式了一些。

　　对于"仁",理雅各用了"true virtue"来翻译这句话中的"仁"。"virtue"一词含义非常丰富,其中包括 "moral goodness of character and behaviour""the quality or practice of moral excellence or righteousness"的释义。拉丁语词源"virtus"本指男子气概、力量、能力、价值、杰出。它所对应的古希腊语词源"arete"意指任何卓越的、杰出的(excellence of any kind)。古希腊哲学中,柏拉图的《理想国》将 virtue 归纳为 prudence(审慎)、justice(公正)、fortitude(坚毅)与 temperance(节制)。基督教语境中,virtue 的内涵产生了新的延伸,指代 faith(信用)、hope(希望)、charity(慈爱)。"仁"作为儒学的道德价值体系,与西方哲学或基督教语境下 "virtue"的具体内涵虽然有部分重合之处,但也存在明显不同。作为传教士的理雅各,用基督教的词来翻译儒家的"仁",在当时语境下有其可取之处。刘殿爵用"benevolent"来翻译"仁",这个词有友善、公平、慷慨之意,在本句中契合度较高。安乐哲用"authoritative conduct(ren 仁)"翻译"仁",虽然 authoritative 强调的是一种模范和权威的意思,但是加上汉语拼音和汉字后具有一定的特色,辨识度较高,而且这里强调行为时用了"conduct"。

　　(二)子曰:"唯仁者能好人,能恶人。"(《里仁》)

理雅各译文:

The Master said, "It is only the (truly) virtuous man, who can love, or who can hate, others."

刘殿爵译文：

The Master said, "It is only the benevolent man who is capable of liking or disliking other men."

安乐哲译文：

The Master said, "The authoritative person (ren 仁) alone has the wherewithal to properly discriminate the good person from the bad."

这一句在于强调孔子对仁者的性格的判断。翻译的难点在于如何正确理解"能好人，能恶人"。朱熹注为："好、恶，皆去声。唯，独也。盖无私心，然后好恶当于理，程子所谓'得其公正'是也。游氏曰：'好善而恶恶，天下之同情，然人每失其正者，心有所系而不能自克也。惟仁者无私心，所以能好恶也。'"前面两位译者都从字面上对好恶进行翻译，但是刘殿爵用"like"和"dislike"来表达好恶的程度显得有些轻了，而且其中又使用了"capable"一词来表示一种能力，似乎对爱憎是人的自然情感这种情况来说有些不妥。安乐哲直接将好恶译为形容词了，但在翻译"仁"时增加了"person"来对应相关语境，是值得肯定的。按照朱熹的注疏，这里的仁者应该是无私心的，也就是《论语注疏》的解释——君子崇德避恶，唯仁者能以公心判断好恶。这样对仁者和这里的好恶都可以再进一步把孔子的意思完整地表达出来。

（三）子曰："夫仁者，己欲立而立人，己欲达而达人。能近取譬，可谓仁之方也已。"（《雍也》）

理雅各译文：

The Master said, "Now the man of perfect virtue, wishing to be established himself, seeks also to establish others; wishing to be enlarged himself, he seeks also to enlarge others. To be able to judge of others by what is nigh in ourselves — this may be called the art of virtue."

刘殿爵译文：

The Master said, "A benevolent man help others to take their stand in so far as he himself wishes to take his stand, and gets others there in so far as he himself wishes to get there. The ability to take as analogy what is near at hand can be called the method of benevolence."

安乐哲译文：

The Master said, "Authoritative persons establish others in seeking to establish themselves and promote others in seeking to get there themselves. Correlating one's conduct with those near at hand can be said to be the method of becoming an authoritative person."

这里子贡举了一个案例来向孔夫子请教仁的标准。子贡曰："如有博施于民而能济众,何如? 可谓仁乎?"本段翻译的第一个难点在于如何正确理解"己欲立而立人,己欲达而达人"。这句话与"己所不欲,勿施于人"构成了"仁"的主动与被动的两方面。如果说"己所不欲,勿施于人"是"仁"的被动体现,那么"己欲立而立人,己欲达而达人"则是"仁"的积极主动的体现。几位译者都采用了"establish"来译"立",表示立身的意思,刘殿爵则将其译为"take his stand",差别都不大。对于"达",理雅各的"enlarge"取"显达"之义,刘殿爵和安乐哲的"get there"则取"到达"之义。第二个难点在于如何正确理解"能近取譬"。根据《论语集注》和《论语注疏》的解释,这句话旨在阐明"推己及人"。三个译文都没有很贴切的表述,可以参考辜鸿铭译文——"consider how one would see things and act if placed in the position of others"。回到核心术语"仁",几位译者沿袭了一贯译法。

（四）子张问仁于孔子,孔子曰："能行五者于天下为仁矣。"请问之,曰："恭、宽、信、敏、惠。恭则不侮,宽则得众,信则人任焉,敏则有功,惠则足以使人。"（《阳货》）

理雅各译文：

Tsze-chang asked Confucius about perfect virtue.Confucius said, "To be able to practice five things everywhere under heaven constitutes perfect virtue." He begged to ask what they were, and was told, "Gravity, generosity of soul, sincerity, earnestness, and kindness. If you are grave, you will not be treated with disrespect. If you are generous, you will win all. If you are sincere, people will repose trust in you. If you are earnest, you will accomplish much. If you are kind, this will enable you to employ the services of others."

刘殿爵译文：

Tzu-chang asked Confucius about benevolence. Confucius said, "There are five things and whoever is capable of putting them into practice in the Empire is certainly 'benevolent'" "May I ask what they are?" "They are respectfulness, tolerance, trustworthiness in word, quickness and generosity. If a man is respectful he will not be treated with insolence. If he is tolerant he will win the multitude. If he is trustworthy in word his fellow men will entrust him with responsibility. If he is quick he will achieve results. If he is generous he will be good enough to be put in a position over his fellow men."

安乐哲译文：

Zizhang asked Confucius about authoritative conduct (ren 仁). Confucius replied, "A person who is able to carry into practice five attitudes in the world can be considered authoritative." "What are these five attitudes?" asked Zizhang. Confucius replied, "Deference, tolerance, making good on one's word (xin 信), diligence, and generosity. If you are deferential, you will not suffer insult; if tolerant, you will winover the many; if you make good on your word, others will rely upon you; if diligent, you will get results; if generous, you will have the status to employ others effectively."

这一句是孔子对子张回复的"仁"，他认为"能行五者于天下为仁矣"，并解释说这五者分别为"恭""宽""信""敏""惠"。那么不难看出，"仁"的范围比较大，包括五个方面。理雅各采用"gravity""generosity of soul""sincerity""earnestness""kindness"与之对应，且这些都包括在"virtue"中，除"earnestness"来译"敏"外，其他词表达的内涵相对来说是准确的，只是在形式上有一个"generosity of soul"不是很对应。刘殿爵采用"respectfulness""tolerance""trustworthiness in word""quickness""generosity"，形式上也有"trustworthiness in word"一词不够统一，五个词的选用在意思上都较为准确，但是翻译"慧"时使用了"generosity"，这与译"仁"的"benevolence"似有意思相近之处,不能很好地体现"仁"包含的意思。安乐哲使用"Deference" "tolerance""making good on one's word(xin 信)""diligence""generosity" 几个词来表示"authoritative conduct"较为贴切,只是"信"单独拿出来显得 突兀,也不对应。

（五）子夏曰:"博学而笃志,切问而近思,仁在其中矣。"(《子张》)

理雅各译文:

Tsze hsia said, "There are learning extensively, and having a firm and sincere aim; inquiring with earnestness, and reflecting with self-application — virtue is in such a course."

刘殿爵译文:

Tzu-hsia said, "Learn widely and be steadfast in your purpose, inquire earnestly and reflect on what is at hand, and there is no need for you to look for benevolence elsewhere."

安乐哲译文:

Zixia said, "Learn broadly yet be focused in your purposes; inquire with urgency yet reflect closely on the question at hand — authoritative conduct (ren 仁) lies simply in this."

本句主要说的是"好学近于仁"。"好学"包括"博学""笃志""切问" "近思"四个方面。对此朱熹的注释为:"四者皆学问思辨之事耳,未及乎力 行而为仁也。然从事于此,则心不外驰,而所存自熟,故曰仁在其中矣。"因 此,翻译的难点在于"博学""笃志""切问""近思"这四个词的表述。在翻 译"博学"时,三位译者的译法基本一致,"learn extensively""learn widely" "learn broadly"皆表示一致。将"笃志"也都理解为"坚定目标","切问"意 思也类似于表示认真关心不懂之事,"近思"也基本表达到"思己所未能及 之事,不远思也"的意思。最后,在翻译"仁在其中"时理雅各、安乐哲采取 直译,而刘殿爵则采取了反译,两种译法都可以,但是如果考虑到这里的 "仁"讲的是学习的仁德问题,"benevolence"的概念略有不同。值得注意的 是,安乐哲使用"yet"表达了汉语中"而"的进一步关系。

由上面几个例子可以看出,孔子的"仁"有多层含义,可以是爱人,可以道德修养,也可以是一种社会责任。几位译者对"仁"的翻译反映了译者对儒家思想的理解和诠释。不同的译者可能会根据他们对文本的解读和目标读者的预期,选择不同的词汇来表达"仁"的概念。理雅各注意到了这一点,在不同语境下将"仁"分别译成"virtue""humanity""benevolence"等;刘殿爵主要将"仁"译成"benevolence",其内涵稍微有些缩小。其他译者对"仁"做出了不同的翻译,如辜鸿铭认为,"仁"即"人性"(humanity),他在大多数场合将"仁"译为"moral character"。亚瑟·韦利(Arthur Waley)认为"仁"是为人之道,将"仁"译作"good"或"goodness"。在林语堂看来,"仁"即"人道主义",故将其译为"true manhood"。但这一译法易使读者产生理解上的困惑,"manhood"在英语中最常用的义项并非"the quality of being human",而是"manly qualities"(男子气概)。华兹生(Burton Watson)将"仁"译为"humaneness",其意义接近于"benevolence",也缩小了"仁"的内涵。

二、"君子"的英译赏析

在《论语》中,"君子"也是一个反复出现的重要概念,它代表了儒家理想中的道德楷模和有德行的人。孔子对"君子"的描述涵盖了一系列的美德和行为准则,这些美德和准则是个人修养和社会交往的基础。"君子"一词的翻译也体现了译者对儒家文化的理解。不同的译者可能会选择不同的词汇来表达"君子"的内涵,如"gentleman""superior man""noble person"等,这些翻译尝试捕捉"君子"所代表的道德和精神特质。

(一)子曰:"学而时习之,不亦说乎? 有朋自远方来,不亦乐乎? 人不知而不愠,不亦君子乎?"(《学而》)

刘殿爵译文:

The Master said, "Is it not a pleasure, having learned something, to try it out at due intervals? Is it not a joy to have friends come from afar? Is it not gentlemanly not to take offence when others fail to appreciate your abilities?"

安乐哲译文：

The Master said: "Having studied, to then repeatedly apply what you have learned — is this not a source of pleasure? To have friends come from distant quarters — is this not a source of enjoyment? To go unacknowledged by others without harboring frustration — is this not the mark of an exemplary person (junzi 君子)?"

本句为《论语》开篇，谈到的学习之事。其中，"学而时习之"中的"学"和"习"在孔子那里指的是礼、乐、射、御、书、数等六艺的学习和练习，"时"是定期或每隔一段时间，在适当的时候，两位译者分别用"try it out at due intervals"和"repeatedly apply"准确体现了原作。"愠"和"君子"是本句的翻译难点，朱熹在《论语集注》中称："愠，纡问反。愠，含怒意。君子，成德之名。"刘殿爵将"人不知"译为"when others fail to appreciate your abilities"，虽比较达意，但"不知"的对象并非单指对某人能力的赏识，而是尤为重视道德品行；将"不愠"译为"not to take offence"（不觉得被冒犯），颇见译文功力。安乐哲将"不知"译为"go unacknowledged by others"，较好表达了原意；将"不愠"译为"without harboring frustration"，较好体现了"怒意"。对于"君子"，刘殿爵转用形容词"gentlemanly"（有君子风度），一般情况下是将君子译为"gentleman"，相当于英国的绅士，与中文语境的略有不同。安乐哲使用"an exemplary person"翻译君子，有"成德之名"的内涵，加上拼音和汉字，体现了中国文化的独特性。

（二）子曰："富与贵是人之所欲也，不以其道得之，不处也；贫与贱是人之所恶也，不以其道得之，不去也。君子去仁，恶乎成名？君子无终食之间违仁，造次必于是，颠沛必于是。"（《里仁》）

刘殿爵译文：

The Master said, "Wealth and high station are what men desire but unless I got them in the right way I could not remain in them. Poverty and low station are what men dislike, but even if I did not get them in the right way I would not try to escape from them." "If the gentleman forsakes benevolence, in what way can he make a name for himself? The gentleman never deserts benevolence, not even for as long as it takes to eat a meal. If he hurries and stumbles one may be sure that it is in benevolence that he does so."

安乐哲译文:

The Master said, "Wealth and honor are what people want, but if they are the consequence of deviating from the way (dao 道), I would have no part in them. Poverty and disgrace are what people deplore, but if they are the consequence of staying on the way, I would not avoid them. Wherein do the exemplary persons (junzi 君子) who would abandon their authoritative conduct (ren 仁) warrant that name? Exemplary persons do not take leave of their authoritative conduct even for the space of a meal. When they are troubled, they certainly turn to it, as they do in facing difficulties."

这句话主要讲述人的修为,何以称为君子。"富"指财富(wealth),"贵"指尊贵,刘殿爵将其译为"high station",安乐哲用的"honors"均表达了其意。"其道"指以适当的方式,两人都用"way"来表示,其中安乐哲加了拼音,更强调了儒家的道,很贴切。刘殿爵在此处用了"unless..., I could not...."这一英文句型,增强了条件的重要性和推论的逻辑性,值得学习。"贫与贱是人之所恶也……"的部分,安乐哲译文的逻辑更为清晰。"君子无终食之间违仁……"的部分,刘殿爵先概述"君子绝不弃仁"(The gentleman never deserts benevolence),然后再以让步状语表达其余部分(not even for as long as it takes to eat a meal),语义得到了强调,将"造次"和"颠沛"合而并置于假设让步句,并在主句中加上"one may be sure"后再译后面的部分。安乐哲则直接译出,更为清晰。两人对"君子"都采取了之前的译法,安乐哲使用的复数形式更为恰当。

(三)子曰:"恭而无礼则劳,慎而无礼则葸,勇而无礼则乱,直而无礼则绞。君子笃于亲,则民兴于仁;故旧不遗,则民不偷。"(《泰伯》)

刘殿爵译文:

The Master said, "Unless a man has the spirit of the rites, in being respectful he will wear himself out, in being careful he will become timid, in having courage he will become unruly, and in being forthright he will become intolerant. When the gentleman feels profound affection for his parents, the common people will be stirred to benevolence. When he does not forget friends of long standing, the common people will not shirk their obligations to other people."

安乐哲译文：

The Master said, "Deference unmediated by observing ritual propriety (li 礼) is lethargy; caution unmediated by observing ritual propriety is timidity; boldness unmediated by observing ritual propriety is rowdiness; candor unmediated by observing ritual propriety is rudeness. Where exemplary persons (junzi 君子) are earnestly committed to their parents, the people will aspire to authoritative conduct (ren 仁); where they do not neglect their old friends, the people will not be indifferent to each other."

本句原文是四个并列的对仗句,刘殿爵将"无礼"单独提出来,扩展为条件句置于句首——"unless a man has the spirit of rites",然后用"in being + adj, he will + do(become)"的结构翻译。这种先总后分的行文方法意思比较清楚,也可节省词语。安乐哲则采取了与原文相一致的句子结构,整体阅读感更强,并且对"礼"做了一定的说明。"不偷"不可望文生义,因其古义"淡薄"与今义相去甚远。刘殿爵使用动词"shirk"(逃避义务、责任等)及其所加宾语"their obligation to other people",又见上句"will be stirred to benevolence"中"stired"的选用,二者在发音上构成词趣。安乐哲化繁为简,将其译为"be indifferent to each other",采用解释性译法,透彻地显示简练的古文词语的丰富内涵。

(四) 孔子曰:"君子有九思：视思明,听思聪,色思温,貌思恭,言思忠,事思敬,疑思问,忿思难,见得思义。"(《季氏》)

刘殿爵译文：

Confucius said, "There are nine things the gentleman turns his thought to:

to seeing clearly when he uses his eyes, to hearing acutely when he uses his ears, to looking cordial when it comes to his countenance, to appearing respectful when it comes to his demeanour, to being conscientious when he speaks, to being reverent when he performs his duties, to seeking advice when he is in doubt, to the consequences when he is enraged, and to what is right at the sight of gain."

安乐哲译文：

Confucius said, "Exemplary persons (junzi 君子) always keep nine things in mind: in looking they think about clarity, in hearing they think about acuity, in countenance they think about cordiality, in bearing and attitude they think about deference, in speaking they think about doing their utmost (zhong 忠), in conducting affairs they think about due respect, in entertaining doubts they think about the proper questions to ask, in anger they think about regret, in sight of gain they think about appropriate conduct (yi 义)."

此句讲述的是孔子对君子个人言行举止、道德规范的九个方面,行文为先总后分,两个译文都保留了这个结构。不同的是,刘殿爵采用的是"there be"句型,而且保留介词 to 连接各句,安乐哲则用君子作为主语,将君子的地位突出,后用介词 in 连接各句。原文则用"思"字这一关键词形成行文的连贯,这种总体设计包括使整个后续行文的语势在语法上符合首句的要求。这是翻译中不得不考虑的一个问题,因为翻译不仅是模仿原文,也需要设计和创新。

（五）子曰："不知命,无以为君子也。不知礼,无以立也。不知言,无以知人也。"（《尧曰》）

刘殿爵译文：

Confucius said, "A man has no way of becoming a gentleman unless he understands Destiny; he has no way of taking his stand unless he understands the rites; he has no way of judging men unless he understands words."

安乐哲译文：

The Master said, "Someone who does not understand the propensity of circumstances（ming 命）has no way of becoming an exemplary person（junzi 君子）；someone who does not understand the observance of ritual propriety（li 礼）has no way of knowing where to stand；a person who does not understand words has no way of knowing others."

本句出自《论语》最后一章谈君子人格的内容。孔子再次向君子提出三点要求，即"知命""知礼""知言"，这是君子立身处世需要特别注意的问题。两位译者除了在"君子"上用词有差异外，对几个关键词汇的理解和翻译也存在差异。对"命"的理解和翻译：刘殿爵的翻译是"Destiny"，这是一种比较抽象、宏观的概念，强调了命运、天命等含义，意味着个人的生活轨迹和宿命。而安乐哲的翻译是"the propensity of circumstances"，更侧重对特定情境的倾向和趋势的理解，相对更具体和实际，这个翻译尝试捕捉"命"中包含的更广泛的社会和宇宙秩序的倾向，而不仅仅是个人命运。对"礼"的理解和翻译：刘殿爵的翻译是"the rites"，这是一种比较传统、正式的翻译，强调了礼仪、礼节等含义，接近原文中"礼"的外在表现，但可能没有完全传达出儒家"礼"的深层含义，即内在的道德和社会规范。而安乐哲的翻译是"the observance of ritual propriety"，更强调了遵守礼节、礼仪的行为和态度，更强调了"礼"作为一种社会行为规范和道德实践的重要性。他们对"言"的理解和翻译都是"words"。总体来说，刘殿爵译本更倾向于使用西方文化中的对应词汇，可能使得译文读者更容易理解，但也减少了一些原作的深层文化含义的呈现。安乐哲的翻译更注重具体、实际的情境，试图更深入地挖掘原文的文化内涵，使用了一些可能对译文读者来说不那么直观的词汇，这可能需要译文读者有一定的文化背景知识。两种翻译各有千秋，都能体现出原句的含义，但侧重点有所不同。

需要指出的是，目前尚未出现大家一致接受的"仁"和"君子"的英译。随着中国文化走出去和汉语的推广，我们可以看到安乐哲所采用的音译+英译的方式逐渐增多，这是一种权宜之计，即用拼音标注出原文中的"仁"

"君子""礼""义"等词汇,再根据语境在括号内加上具体的注解,例如:Ren (here it approximates to "benevolence")、Ren(here it approximates to "love people")、Ren(here it approximates to "the virtues proper to humanity")等。统一用"Ren""Junzi"来译"仁"和"君子",可以提醒译文读者这个概念在儒学体系中不可替代的重要性与独特性,同时根据不同的语境附上不同的注释,可以尽可能地保留汉字的丰富内涵,解释这些术语多层次、多方面的意义。

第三节 翻 译 练 习

一、原文

《论语》(节选)

1. 曾子曰:"吾日三省吾身:为人谋而不忠乎?与朋友交而不信乎?传不习乎?"(《学而》)

2. 子曰:"君子不重则不威,学则不固。主忠信,无友不如己者,过,则勿惮改。"(《学而》)

3. 季康子问政于孔子。孔子对曰:"政者,正也。子帅以正,孰敢不正?"(《颜渊》)

4. 子游问孝。子曰:"今之孝者,是谓能养。至于犬马,皆能有养。不敬,何以别乎?"(《为政》)

5. 子曰:"君子和而不同,小人同而不和。"(《子路》)

6. 子曰:"质胜文则野,文胜质则史。文质彬彬,然后君子。"(《雍也》)

二、注释

1. 曾子:即曾参(shēn)(公元前505—公元前436),姓曾,名参,字子舆。鄫国后裔,生于公元前505年,鲁国南武城(现山东嘉祥,一说山东平邑)人,是被灭亡了的鄅国贵族的后代。曾参是孔子的得意门生,以孝子出名。

2. 三省:省(xǐng),检查;察看;反省。

3. 忠:旧注曰,尽己之谓忠。此处指对人应当尽心竭力,一心一意。

4. 信:旧注曰,信者,诚也。以诚实之谓信。要求人们按照礼的规定相互守信,以调整人们之间的关系。

5. 传:传授,传有两解,一为师傅之于己,一为己传之于人。

6. 习:与"学而时习之"的"习"一样,指实践。

7. 重:庄重、自持。

8. 主忠信:以忠信为主。

9. 无:通"毋",不要的意思。

10. 不如己者:不忠不信的人。

11. 过:过错、过失。

12. 惮:害怕、畏惧。

13. 帅:通"率",率领。

14. 养:赡养。

15. 能有:能够得到。

16. 和:不同的东西和谐地配合,各方面之间彼此不同。

17. 同:相同的东西相加或与人相混同。

18. 质:朴也,质朴。

19. 文:华饰也,文饰也,可以看作"文华",通俗说就是"文采"。

20. 野:鄙野、鄙略,即粗野鄙俗。《礼记》:"敬而不中礼谓之野。"

21. 史:指宗庙中的祝史以及负责掌管文书者,多有闻见。

三、翻译提示

作为一部优秀的语录体散文集,《论语》以言简意赅、含蓄隽永的语言记述了孔子的言论。《论语》中记载的孔子循循善诱的教诲之言,或简单应答,点到即止,或启发论辩,侃侃而谈,或富于变化,娓娓动人。《论语》的英译不仅是语言的转换,更是文化的传播和交流。翻译过程中需要克服文化差异,注意将对话的生活化语言与其反映出的哲理性内容相统一,处理好文化典故、历史背景和核心概念的传达。

第七章
"四书"的翻译
——《中庸》

第一节 作品简介及作品英译概述

《中庸》原为《礼记》中的一篇,对中国传统文化和思想产生了深远的影响,它的理念在中国社会的伦理道德、教育、政治和文化等领域都有所体现。宋代时,《中庸》被朱熹选作《四书》中的一篇,并对其精心诠释,成为最能代表中国儒学思想的经典名作之一,流传海内外。

一、作品简介

《中庸》是中国古代儒家哲学经典之一,这部书的作者一般被认为是孔子之孙子思,《史记孔子世家》有"孔子生鲤,字伯鱼,伯鱼生饭,字子思。年六十二,子思作《中庸》"的记载,但也有观点认为是后人编纂的。

《中庸》一书共三千五百多字,朱熹将其分为三十三章,四大部分,是一部讲述价值观和方法论的儒家经典著作。"中庸"一词最早见于《论语·雍也》"子曰:'中庸之为德也,其至矣乎,民鲜久矣。'"意思是:中庸这种美德,真是好到了极点,一般人缺少这种德行已经很久了。但"中庸"一词的含义,古今学者见解不一。朱熹认为"不偏之谓中,不易之谓庸。中者,天下之正道;庸者,天下之定理。"中庸是指无所偏倚的平常日用之道。其内容涉及为人处世之道、德行标准及学习方式等诸多方面,肯定"中庸"是道德行为的最高标准,认为"至诚"则能达到人生的最高境界,并提出"博学之,审问之,慎思之,明辨之,笃行之"的学习过程和认识方法。林语堂指出:"最理想的生活状态就是孔子的孙子子思在《中庸》中所倡导的甜蜜、理性的生活,古今与人类生活问题有关的哲学,都未曾发现有比这种学说更深奥的真理。①"

《中庸》一书言天命性道,论人与宇宙之关系,说理至精,论道至微。其中心思想是儒学中的中庸之道,其主旨在于修养人性,通过自我修养、自我教育,把自己培养成为具有理想人格的理想人物。在这一原则下,提出了"慎独""中和""中庸""时中"等道德观念。其中,第一章到第十九章的内容着重从多个角度论述中庸之道的普遍性和重要性。第二十章承上启下,从鲁哀公向孔子询问处理政务的方法一事着手,通过孔子的回答指出了施行政事与加强人的自身修养之间的密切关系,并进一步阐明天下通行的五项伦理关系、三种德行以及治理国家的九条原则。在此章的最后引出全书后半部分的核心——"诚",并强调要做到"诚"的五个具体方面。第二十一章到第三十三章的内容便是围绕"诚"展开的,认为"诚"是达到中庸的关键,只有内心真诚,才能在行为上做到恰到好处。

《中庸》对后世影响深远,被视为儒家思想的重要代表。它所倡导的中庸之道、诚的理念等,对中国文化和道德修养产生了深远的影响。同时,《中庸》也体现了儒家思想的包容性和实践性,强调知行合一,注重个人修养与社会和谐。

二、作品英译概述

《中庸》的对外传播与翻译经历了与《大学》差不多相同的过程,始于19世纪。最早直接将《中庸》一书翻译成英语的完整译本是1828年英国基督新教传教士柯大卫翻译的 *Golden Medium*。之后,另一位英国传教士理雅各两次翻译《中庸》,1885年的版本标题为 *The State of Equilibrium and*

---

① 林语堂. 生活的艺术[M]. 北京:外语教学与研究出版社,1998:109.

Harmony,1893 年的版本标题为 *The Doctrine of the Mean*。理雅各译本问世后,受到译文读者的好评,被奉为标准译本。

20 世纪出现了中外译者并进的情况,出现一些不同的《中庸》译本。其中,1906 年,由于不满理雅各翻译的中国经典,辜鸿铭重新翻译了儒家经典,其中包括《中庸》。作为中国学者中儒学典籍英译的先行者,辜鸿铭从事儒家经典外译工作,有着深刻的文化与现实关怀。他明确指出翻译《中庸》旨在"阐明中国人的道德责任感,正是这种责任感形成了中国文明体制下的人类行为和社会秩序的基础"。他的最终目的是"希望欧美人,尤其是在华的欧美人,能更好地理解'道',加强道德责任感,在对待中国和中国人时,放弃欧洲那种'坚船利炮'和'武力威慑'的文明,而代之以'道';无论是个人还是民族,在同中国人的交往中,遵从道德责任感。①"辜鸿铭的翻译得到了林语堂的赞赏,林语堂对辜鸿铭的译本做了些许改动,并将其收录在1938 年编译的《孔子的智慧》(*The Wisdom of Confucius*)一书中。另一位中国译者是陈荣捷,他的《中庸》英译本是其编译的《中国哲学资料书》(*A Source Book in Chinese Philosophy*)的第五章,内容包括《中庸》的背景介绍、关键词、内容翻译、译者评述和脚注。他提炼出《中庸》的九组关键词——"天与人""伦理关系""知与行""中和""道德""性命""诚""宇宙""道与教育"——在关键词后标注出《中庸》里的对应章节。这一时期的译本还有赖发洛译本、修中诚译本、庞德译本、何祚康译本、缪勒译本等。

21 世纪初,几个美国汉学家重新翻译了《中庸》,安乐哲、郝大维(Roger Ames, David Hall)从哲学的角度用过程语言翻译了《中庸》,译名为 *Focusing the Familiar: A Translation and Philosophical Interpretation of the Zhongyong*,并尝试用西方哲学中的"过程—关系"哲学来阐释《中庸》。另外,还有浦安迪(Andrew Plaks,1945 年—)和加德纳(Daniel K. Gardner,1950 年—)的译本,他们的译文具体翔实,语言优美、可读性强。据不完全统计,已有 25 个《中庸》英译本,时间跨度超过 200 年,涉及不同译者,包括

---

① Ku, Hung-Ming. Trans. *The Universal Order, or Conduct of Life*[M]. Shanghai: Shanghai Mercury, Ltd., 1906: x‐xii.

传教士、学者、翻译家等。不同译者因其学科背景和个人身份,对原文的处理和翻译策略各有侧重点。

第二节 作品英译赏析

一、题目的翻译

对"中庸"的含义,历代注释家持有不同的意见。郑玄释"中庸":"庸,常也;用中以为常道也。"何晏在《论语集解》中说:"庸,常也;中和可行之常德。"程颐将"中庸"释为"不偏之谓中,不易之为庸"。朱熹认为,"中者,不偏不倚、无过不及之名。庸,平常也。"王夫之则赞同"庸即用"的释义,指出"庸,用也(《说文》),《易》所云庸行、庸言者,亦但谓有用之行、有用之言也,故'中庸'者,言中之用也"。"中庸"语义理解的多样性,很大程度上造成了对"中庸"一词英译的难度。以下为几个具有代表性的《中庸》译本的译名。

① Golden Medium(柯大卫)

② The State of Equilibrium and Harmony/The Doctrine of the Mean(理雅各)

③ The Universal Order, or Conduct of Life(辜鸿铭)

④ Chung Yung or the Centre, the Common[赖发洛(Leonard A. Lyall)]

⑤ The Unwobbling Pivot(庞德)

⑥ Central Harmony(林语堂)

⑦ The Mean-in-Action(修中诚)

⑧ The Doctrine of the Mean(陈荣捷)

⑨ The Application of the Inner Debates 里格尔[(Jeffrey Kenneth Riegel)]

⑩ The Mean[卜爱莲(Irene Bloom)]

⑪ Focusing the Familiar[安乐哲＆郝大维(Roger T. Ames & David L.

Hall)〕

⑫ On the Practice of the Mean〔浦安迪(Andrew Plaks)〕

⑬ Maintaining Perfect Balance〔加德纳(Daniel K. Gardner)〕

其中,比较有代表性,也是接受最广的"中庸"的译法是理雅各的"The Doctrine of the Mean",在此之前,他将其译为"The State of Equilibrium and Harmony",回译为"均衡与和谐的状态",后来选定了"Mean"这个词。"Mean"的原词是希腊语,亚里士多德(Aristotle)的《尼各马可伦理学》(*Nicomachean Ethics*)中有"中""寻常"和"两个极端中间"的意思。在亚里士多德的著作中,"Mean"被描绘为一种理性个体所采取的策略性选择,即在行动上寻求一种"适中之道"。采纳这种策略意味着首先要避免走向与"适度"原则相反的极端,因为在两个极端之间,往往有一个更接近于适度的状态。亚里士多德所强调的"适度"原则,与孔子在《论语》中提倡的"中庸"理念,无疑在精神上有所契合。然而,当我们考虑到子思在《中庸》篇中对"中庸"概念的深化——即坚守中道,实现天赋之性——将"中庸"简单地翻译为"Mean"似乎就显得过于简化了。在《中庸》的语境下,"中庸"不仅是一种行为上的适度,更是一种道德和哲学上的至高追求,涵盖了对天命、人性和道德行为的深刻理解。因此,翻译时需要更加细致地捕捉原文的丰富内涵和文化细微差别,以确保翻译的准确性和深度。但是,这种译法对后世影响很大,陈荣捷、卜爱莲、修中诚、浦安迪均直接借用或以此为基础进行演绎。

辜鸿铭既从《中庸》的具体内容出发,也从儒学的角度出发,将其译为"The Universal Order, or Conduct of Life",将《中庸》表现出的中国文明和中国秩序认为是真正的普世性的道德文明和社会秩序,是一种普遍秩序、一种生活准则,体现了辜鸿铭力求寻找中西文明间的共通价值。庞德将"中庸"译作"The Unwobbling Pivot"(永不晃动的枢轴),林语堂的"Central Harmony"也都从《中庸》本身的意义和内容出发进行翻译。

赖发洛采用"Chung Yung or the Centre, the Common"的译法,既保留了"中庸"的音译,又借用朱熹的注解对"中"和"庸"进行了意译,不失为一种好的方式。里格尔的译法"The Application of the Inner Debates",将"庸"

理解为"用"(application)具有一定的适度性,但将"中"译成"the Inner Debates"不妥,偏离了原意。安乐哲和郝大维合作的"Focusing the Familiar",用进行时态表现了《中庸》里的"中"是一个动态的过程,并且指出"中"可用"focus"(集中、焦点)、"equilibrium"(均衡)、"balance"(平衡)来翻译,因为《中庸》里的"中"是一个动态的过程,它不断协调"和"并稳定由"中"(focus)产生的"和"①。对"庸"的翻译,基于朱熹的解释"庸,平常也",选择了"the Familiar"这一表述,试图说明"中庸"意味着把注意力集中在日常事务上,突出了儒家对日常事务和家庭生活的关注。加德纳也将其翻译为"Maintaining Perfect Balance",强调了《中庸》的作用和状态。

二、"性命天道"翻译赏析

《中庸》从哲学上探讨了天命、性情和道德修养等问题。它认为人的性情与天命紧密相连,天命即天赋之性,人应根据这种天赋之性来修身养性,开篇即提出了命、性、道、教的重要哲学命题,成为全书的纲要。

原文:

天命之谓性,率性之谓道,修道之谓教。道也者,不可须臾离也,可离非道也。是故君子戒慎乎其所不睹,恐惧乎其所不闻。莫见乎隐,莫显乎微,故君子慎其独也。喜怒哀乐之未发,谓之中;发而皆中节,谓之和;中也者,天下之大本也;和也者,天下之达道也。致中和,天地位焉,万物育焉。

理雅各译文:

What Heaven has conferred is called THE NATURE; an accordance with this nature is called THE PATH of duty; the regulation of this path is called INSTRUCTION.

The path may not be left for an instant. If it could be left, it would not be the path. On this account, the superior man does not wait till he sees things, to

---

① Ames, R. T & D. L. Hall. *Focusing the Familiar A Translation and Philosophical Interpretation of the Zhongyong*[M]. Honolulu: University of Hawaii Press, 2001: 86 - 87.

be cautious, nor till he hears things, to be apprehensive.

There is nothing more visible than what is secret, and nothing more manifest than what is minute. Therefore, the superior man is watchful over himself, when he is alone.

While there are no stirrings of pleasure, anger, sorrow, or joy, the mind may be said to be in the state of EQUILIBRIUM. When those feelings have been stirred, and they act in their due degree, there ensues what may be called the state of HARMONY. This EOUILIBRIUM is the great root from which grow all the human actings in the world. and this HARMONY is the universal path which they all should pursue.

Let the states of equilibrium and harmony exist in perfection, and a happy order will prevail throughout heaven and earth, and all things will be nourished and flourish.

辜鸿铭译文：

The ordinance of God is what we call the law of our being (性). To fulfill the law of our being is what we call the moral law (道). The moral law when reduced to a system is what we call religion (教).

The moral law is a law from whose operation we cannot for one instant in our existence escape. A law from which we may escape is not the moral law. Wherefore it is that the moral man (君子) watches diligently over what his eyes cannot see and is in fear and awe of what his ears cannot hear.

There is nothing more evident than what cannot be seen by the eyes and nothing more palpable than what cannot be perceived by the senses. Wherefore the moral man watches diligently over his secret thoughts.

When the passions, such as joy, anger, grief and pleasure, have not awakened, that is our true self (中) or moral being. When these passions awaken and each and all attain due measure and degree, that is the moral order (和). Our true self or moral being is the great reality (大本) (it, great root) of existence, and moral order is the universal law (达道) in the world.

When true moral being and moral order are realised, the universe then becomes a cosmos and all things attain their full growth and development.

安乐哲和郝大维译文：

What (tian 天) commands (ming 命) is called natural tendencies (xing 性); drawing out these natural tendencies is called the proper way (dao 道); improving upon this way is called education (jiao 教).

As for the proper way, we cannot quit it even for an instant. Were it even possible to quit it, it would not be the proper way. It is for this reason that exemplary persons (junzi 君子) are so concerned about what is not seen, and so anxious about what is not heard.

There is nothing more present than what is imminent, and nothing more manifest than what is inchoate. Thus, exemplary persons are ever concerned about their uniqueness.

The moment at which joy and anger, grief and pleasure, have yet to arise is called a nascent equilibrium (zhong 中); once the emotions have arisen, that they are all brought into proper focus (zhong) is called harmony (he 和). This notion of equilibrium and focus (zhong 中) is the great root of the world; harmony then is the advancing of the proper way (dadao 达道) in the world.

When equilibrium and focus are sustained and harmony is fully realized, the heavens and earth maintain their proper places and all things flourish in the world.

这段话是《中庸》开篇,点明并深刻阐述了儒家思想中的几个核心概念: 性、命、道、教、中、和等。

(一) 天命与性的翻译

"天命之谓性"指的是人与生俱来的本性,这是上天赋予的,是人的根本特质。朱熹注释为:"命,犹令也。性,即理也。天以阴阳五行化生万物,气以成形,而理亦赋焉,犹命令也。于是人物之生,因各得其所赋之理,以为健顺五常之德,所谓性也。"这里的"性"被理解为一种内在的道德和理性倾向。"天命"是中国古代哲学的重要概念。不同时代,"天"的内涵、"天命"与人的联系方式和内容都有所不同。理雅各将"天"译为"heaven",将天命译为"what heaven has fixed",是目前对"天"的常用译法,这种译法有一定的合理性。"Heaven"一词的希伯来语原意指"高处",希腊语原表示"升起的地方"。在英语中,"the heavens"指"自然"或"天空",而不带定冠词 the 的时候,"Heaven/heaven"主要指"上帝的居所(天堂)"或代指"上帝"。对传教士而言,"Heaven/heaven"一词或许是他们在自身的基督教话语体系里所能找到的关于"天"的最佳对应词。然而,鉴于儒家学说与基督教在理念上存在不少原则性的重大分歧,将"天"译作"Heaven/heaven"也许会导致译文读者忽视了儒家学说体系的独特性,产生文化误读。辜鸿铭从译文读者视角出发,把"天"译为"God",更有效地传播了中国传统道德文化,在当时语境下具有可取性。安乐哲和郝大维认为,将西方的宗教和哲学观念应用于中国古代典籍的翻译,是造成西方曲解儒家思想的一个根源。将"天"翻译成"Heaven",不仅将西方二元论、超验观念强加给"天",而且也会隐去"天"在中国文化传统中的丰富内涵。因此,直接采用音译的方式来处理,这在当下的语境中具有比较好的示范作用。

　　"性"是中国哲学的主要范畴,本意是天性、本性,也可引申为人的性情、脾气等。目前,"nature"或"human nature"是最常见的译法。英语中的"nature"一词源于拉丁文"natura",意指事物的性质,引申为人性(humanity)、存在(existence)、形式(shape)等。可见,"nature"对应的古希腊语词义与汉语中的"性"有相似之处。因此,理雅各将"天命之谓性"中的"性"译作"nature"算是妥当的;辜鸿铭将其译为"the law of our being"并加上汉字说明,强调的是一种存在;安乐哲他们也加了汉字,只是将其解释为"natural tendencies"有些奇怪。

(二)道与教的翻译

　　"道"是中国传统文化中最为核心、最为基础的概念之一,但是各学派对"道"的理解不尽相同。"率性之谓道""修道之谓教"表达了人应遵循其内在本性行事,这样的行为就是"道";按照道的原则规范修习,就是"教"。

"道也者,不可须臾离也,可离非道也"强调了"道"是时刻不能偏离的,真正的"道"始终伴随着君子的生活和行为。理雅各将"道"和"修道"分别译为"the PATH of duty"和"the regulation of this path",将"道"的概念与"path"联系起来,表明是一种方式。辜鸿铭将它们译为"the moral law"和"the moral law when reduced to a system",强调了儒家的道的道德伦理观念,修道的过程就是将这些伦理道德形成一个体系。安乐哲和郝大维延续将术语加拼音的做法,分别译为"the proper way(dao 道)"和"improving upon this way",将"道"与"way"联系起来,这也是目前使用最多的译法,只是更多的会将"way"首字母进行大写。

对于"教",三位译者表现出了完全不一样的理解。理雅各用"INSTRUCTION",将"教"视为对"道"的规范和教导,保持了原文的语义。这种翻译方式使得译文读者能够较为直接地理解原文的含义,但可能会失去一些中文原文的哲理性。辜鸿铭将"教"理解为宗教,更加强调宗教和道德法则的概念,将儒家思想与西方的宗教观念进行了某种程度的融合,试图在译文读者中引起共鸣。这种翻译方式使得译文读者能够更容易地将这些概念与自己的文化背景相结合,但可能会使得原文的哲学思想与宗教色彩有所不同。一方面与当时传教士在华的历史语境分不开,另一方面也与他翻译的目的分不开,辜鸿铭希望他的翻译能告诉西方人中国传统文化的核心,在一定程度上与西方宗教进行格义,具有积极的意义。安乐哲和郝大维将"教"视为对道路的改进和教育,试图在直译和意译之间找到一个平衡点,尽量保留了原文的哲学思想,同时也使译文读者能够更容易理解。

(三)中与和的翻译

"喜、怒、哀、乐之未发,谓之中。发而皆中节,谓之和。"这里的两个"中"分别有不同的读音,"中"就是"天命之性",性之未发,故无所偏倚。"和"是"性"向外发动,合乎节制,乃循性而行的和谐状态。"中"指的是情感未表现出来时的平和状态,是一种内在的平衡;"和"则是情感表现出来时能够适度、合乎礼节的状态。"中也者,天下之大本也;和也者,天下之达道也"说明了"中"是世界的根本原则,而"和"是普遍遵循的道路。这两者是实现社会和谐与秩序的基础。"致中和,天地位焉,万物育焉"阐述了当达到"中和"的状态时,天地将处于其正确的位置,万物将自然而然地生长发育,体现了一种宇宙和谐的观点。

理雅各的翻译强调了"中"和"和"的状态,使用了"EQUILIBRIUM"和"HARMONY"来对应。他的翻译为直译,试图保持原文的语义。将"喜怒哀乐之未发"翻译为"在没有快乐、愤怒、悲伤或喜悦的波动时,心灵可以说处于平衡状态",将"中"理解为心灵的平衡。"发而皆中节"被翻译为"当这些感情被激发,并且它们以适当的程度行动时,就会产生和谐的状态",将"和"理解为感情的适度表达。在描述"中"时,他将其视为所有人类行为的根源,而"和"则被视为所有人都应追求的普遍道路。在最后一句中,他表达了"中和"实现时天地万物将得到和谐与滋养的观点,"nourished and flourish"使用了尾韵,可读性强。理雅各的译文注重传达原文的概念,但对中文的哲理性可能稍有减弱。

辜鸿铭的翻译则更加注重将这些概念与西方的道德和宗教相结合。他使用了"true self"或"moral being"来翻译"中",将"和"译为"moral order",试图在译文读者中引起共鸣。将"喜怒哀乐之未发"理解为"当我们的激情,如快乐、愤怒、悲伤和愉悦,尚未觉醒时,那是我们真正的自我或道德存在"。"发而皆中节"被理解为"当这些激情觉醒并且每一个都达到适当的度量和程度时,那就是道德秩序"。辜鸿铭的译文强调了"中"作为存在的伟大现实,而"和"则是世界的普遍法则,更加强调道德和存在的概念,将儒家思想与西方的道德哲学相结合。

安乐哲和郝大维分别使用了"nascent equilibrium"和"focus"来翻译"中",将"和"译为"harmony"。将"喜怒哀乐之未发"翻译为"在快乐和愤怒、悲伤和愉悦尚未产生的时刻被称为初生的平衡"。"发而皆中节"被翻译为"一旦情绪产生,它们都被适当地聚焦就是和谐"。他们的翻译中,"中"被理解为世界的伟大根源,而且根据读音不同,使用了两个不同译名来翻译;而"和"则是世界中的正确道路的推进。在最后一句中,他们表达了"中和"实现时天地保持其适当位置,万物在世界中繁荣的观点。这种翻译方式更加注重原文的字面意义和内涵,尝试以更贴近原文的方式来解释儒家思想,同时加入了对原文中特定词汇的注释,以帮助读者理解。

总的来说,这三种译文各有特点,理雅各的翻译似乎较为接近原文之意,例如,他把"中"译为"equilibrium",将"和"译为"harmony"。但由于中国语言的多义性,很多基本概念的实际内涵往往很难再现于译文。如理雅各把"道"译作"the path of duty",便难以传达"道"的丰富内涵,而且"duty"一词让人觉得与上下文不够协调。同样,理雅各把"教"译作"instruction"亦显表浅。辜鸿铭的译文无论从内容还是语言上都实现了他翻译《中庸》的目的,即向西方彰显中国的道德文明。特别是对一些关键术语的翻译,均将其纳入"moral"的范畴,如将"道"译作"the moral law",将"君子"译作"moral man",将"中"译作"our true self, or moral being",将"和"译作"moral order"。其他一些术语的翻译也有其特别的用意,如将"天"译为"God",将"教"译为"religion",即以西方术语解释儒家概念。而安乐哲和郝大维的译文则试图在直译和意译之间找到一个平衡点。每种译文都试图传达原文的哲学思想,但由于中文的内涵丰富和英文表达方式的差异,每种译文都有其独特的解读。

三、"诚"的翻译赏析

"诚"是《中庸》里的核心概念,是贯穿全篇的中心线索。《中庸》以"诚"为枢纽构建了一个天道与人道沟通、内圣与外王连接的理论体系。《中庸》全文不足五千字,其中"诚"共出现了 25 次,具有非常高的使用频率。

原文 1:

诚者,天之道也;诚之者,人之道也。诚者,不勉而中,不思而得,从容中道,圣人也。诚之者,择善而固执之者也。

理雅各译文:

Sincerity is the way of Heaven. The attainment of sincerity is the way of men. He who possesses sincerity is he who, without an effort, hits what is right, and apprehends, without the exercise of thought; — he is the sage who naturally and easily embodies the right way. He who attains to sincerity, is he who chooses what is good, and firmly holds it fast.

陈荣捷译文：

Sincerity is the Way of Heaven. To think how to be sincere is the way of man. He who is sincere is one who hits upon what is right without effort and apprehends without thinking. He is naturally and easily in harmony with the Way. Such a man is a sage. He who tries to be sincere is one who chooses the good and holds fast to it.

安乐哲和郝大维译文：

Creativity (cheng 诚) is the way of tian (天之道); creating is the proper way of becoming human (人之道). Creativity is achieving equilibrium and focus (zhong 中) without coercion; it is succeeding without reflection. Freely and easily traveling the center of the way — this is the sage (shengren 圣人). Creating is selecting what is efficacious (shan 善) and holding on to it firmly.

原文 2：

自诚明，谓之性；自明诚，谓之教。诚则明矣；明则诚矣。

理雅各译文：

When we have intelligence resulting from sincerity, this condition is to be ascribed to nature; when we have sincerity resulting from intelligence, this condition is to be ascribed to instruction. But given the sincerity, and there shall be the intelligence; given the intelligence, and there shall be the sincerity.

陈荣捷译文：

It is due to our nature that enlightenment results from sincerity. It is due to education that sincerity results from enlightenment. Given sincerity, there will be enlightenment, and given enlightenment, there will be sincerity.

安乐哲和郝大维译文：

Understanding born of creativity (cheng 诚) is a gift of our natural tendencies (xing 性); creativity born of understanding is a git of education (jiao 教). Where there is creativity, there is understanding; where understanding, creativity.

原文 3：

唯天下至诚，为能尽其性；能尽其性，则能尽人之性；能尽人之性，则能尽物之性；能尽物之性，则可以赞天地之化育；可以赞天地之化育，则可以与天地参矣。

理雅各译文：

It is only he who is possessed of the most complete sincerity that can exist under heaven, who can give its full development to his nature. Able to give its full development to his own nature, he can do the same to the nature of other men. Able to give its full development to the nature of other men, he can give their full development to the natures of animals and things. Able to give their full development to the natures of creatures and things, he can assist the transforming and nourishing powers of Heaven and Earth. Able to assist the transforming and nourishing powers of Heaven and Earth, he may with Heaven and Earth form a ternion.

陈荣捷译文：

Only those who are absolutely sincere can fully develop their nature. If they can fully develop their nature, they can then fully develop the nature of others. If they can fully develop the nature of others, they can then fully develop the nature of things. If they can fully develop the nature of things, they can then assist in the transforming and nourishing process of Heaven and Earth. If they can assist in the transforming and nourishing process of Heaven and Earth, they can thus form a trinity with Heaven and Earth.

安乐哲和郝大维译文：

Only those of utmost creativity (zhicheng 至诚) in the world are able to make the most of their natural tendencies (xing 性). Only if one is able to make the most of one's own natural tendencies is one able to make the most of the natural tendencies of others; only if one is able to make the most of the natural tendencies of others is one able to make the most of the natural tendencies of processes and events (wu 物); only if one is able to make the most of the natural tendencies of processes and events can one assist in the transforming and nourishing activities of heaven and earth; and only if one can assist in the transforming and nourishing activities of heaven and earth can human beings take their place as members of this triad.

　　"诚"在古文中通"成",有"诚实(integrity)""真诚(sincerity)"等含义。"诚"字最早见于《尚书·太甲》:"鬼神无常享,享于克诚。"在《中庸》的论述中,"诚"已经上升到本体的高度。原文1中"诚者,天之道也;诚之者,人之道也。"人道之诚指的是努力追求一种至高的道德境界。原文2中则指出凡人之诚可以由"明"而"诚"。原文3阐明至诚的境界能与天地参,化育万物"诚"拓展到宇宙论的含义,即表达了"宇宙创造性(cosmetic creativity)"。

　　理雅各将《中庸》中的"诚"统一译为"sincerity"。理雅各认为,"诚"是人性的理想,"诚"是圣人绝对具备的素质,正是"诚"这种品格使得圣人几乎等同于天;而且,灵魂的朴素和单一性是"诚"主要表达的东西,即不带有杂念地向善和能够为善,而这只有天、天地和圣人才具有,而人只有通过教育才有可能达到这个境界,因此,"诚"(sincerity)是自发的,犹如道的形成一样。与理雅各一样,陈荣捷将《中庸》中的"诚"译为"sincere"和"sincerity"。陈荣捷认为,《中庸》中的"诚"是一个十分复杂的概念,既有心理学、形而上的含义,还有近似宗教的意义。"诚"将人与自然联系,"诚"是真诚(sincerity),是真(truth),是实在(reality)。"诚"不只是一种精神状态,还是一种能动的力量,化育万物,成物,将人和天(自然)在流动过程中合二为一①。如原文2的"诚",反映的就是天地万物本为一体,因为宇宙背后本是一个"诚"字。依据英语词典,"sincere"主要有以下两种含义:"(of feelings, beliefs or behavior) showing what you really think or feel; (of a person) saying only what you really think or feel."即在情感、信念、行为、言语方面展示或讲述自己的真实感受或思想,"sincerity"是

---

　　① Chan, Wing-Tsit. A Source Book in Chinese Philosophy [M]. Published by Princeton University Press, 1969: 96.

"sincere"的名词形式。从字面意义上看,"sincerity"指外在表达与内心真实情感的一致,即真诚的、诚挚的、诚恳的、诚实的、坦率的等意义。《中庸》中的"诚"的确蕴含"真诚、诚实、诚挚"等含义,朱熹将其注释为"诚者,真实无妄之谓,天理之本然也",就是要求有心性方面的真或诚,说真话,不说假话,言行和心性保持一致。"sincerity"强调"对自己真实""不欺骗他人",就是要求言行与内心思想的一致。很显然,在这个意义上,"sincerity"与原文1的"诚"意义相近,所以将此章节中的"诚"译为"sincerity"是基本忠实于原文的。

安乐哲和郝大维试图站在本体的高度去理解"诚",将"诚"译为"creativity(cheng 诚)"是基于《中庸》的世界观蕴含的过程假设,即强调"创造性生成的动态方面"。"creativity"指"the ability to use your imagination to produce new ideas, make things",即运用想象力产生新观点,创造新事物。"creativity"在早期西方文化语境中与基督教《圣经》紧密相关。依据《圣经》,唯有上帝才是万物的缔造者,任何人都不可能是事物的创造者,只能是模仿者。直到文艺复兴之后,个体具有创造力(creativity)的观点才逐渐被人们接受。安乐哲和郝大维认为,《中庸》中的"诚"成己也成物,既涉及中心性自我的实现,也涉及事件场域的实现,"诚"是一个动态发展过程,"creativity"含有通往实现完整、完满境界的过程。而且,安乐哲和郝大维还从语源学上分析了"诚",认为"诚"蕴含的"创造力"(creativity)意义还可以通过同根词"成"得到反映。"成"就有完成、完满、结束、使其成熟的意思,而偏旁"言"表示话语,说明"创造力"(creativity)牵涉人的世界与自然、社会和文化语境之间的动态关系,并通过在家庭和社区中有效的交流和沟通实现完满,英文单词"creativity"就含有通往实现这个完整、完满境界的过程①。从一定意义上看,将《中庸》中的"诚"译为"creativity"可以说触及了"诚"的某些本质特征,突出了"诚"的创造性生成的动态方面的意义。

此外,还有修中诚将《中庸》中的"诚"分别译为"true""truth and real"

---

① 安乐哲,郝大维. 切中伦常:《中庸》的新诠与新译[M]. 彭国翔译. 北京:北京大学出版社,2011: 56 - 57.

"coming-to-be-real" "realness" "real" "reality";辜鸿铭将"诚"译作"truth"等。这些译法的多样性,反映出了其意义的多样性和内涵的深刻性。"Sincerity"这种译法虽然不尽完美,但仍然是目前较为通行的一种译法。事实上,英语中很难找到一个现成的对应词来传达其全部意义,也许采用"音译+意译"的形式不失为上策。

第三节 翻 译 练 习

一、原文

《中庸》(节选)

1. 仲尼曰:"君子中庸,小人反中庸。君子之中庸也,君子而时中;小人之中庸也,小人而无忌惮也。"

2. 子曰:"回之为人也,择乎中庸,得一善,则拳拳服膺弗失之矣。"

3. 子曰:"道之不行也,我知之矣;知者过之,愚者不及也。道之不明也,我知之矣:贤者过之;不肖者不及也。""人莫不饮食也。鲜能知味也。"

4. 在上位,不陵下;在下位,不援上。正己而不求于人,则无怨。上不怨天,下不尤人。故君子居易以俟命,小人行险以徼幸。

5. 子曰:"天下国家可均也,爵禄可辞也,白刃可蹈也,中庸不可能也。"

二、注释

1. 仲尼:孔子,名丘,字仲尼。

2. 中庸:中和。庸,"常"的意思。

3. 小人之中庸也:应为"小人之反中庸也"。

4. 忌惮:顾忌和畏惧。

5. 回:孔子的学生颜回。

6. 拳拳服膺:牢牢地放在心上。拳拳,牢握但不舍的样子,引申为恳切。服,著,放置。膺,胸口。

 7. 道:中庸之道。

 8. 知者:智者,与愚者相对,指智慧超群的人。知,同"智"。

 9. 不肖者:与贤者相对,指不贤的人。

 10. 陵:欺侮。

 11. 援:攀援,本指抓着东西往上爬,引申为投靠有势力的人往上爬。

 12. 尤:抱怨。

 13. 居易:居于平安的地位,也就是安居现状的意思。

 14. 易,平安。俟命:等待天命。

 15. 均:平,指治理。

 16. 爵:爵值。

 17. 禄:官吏的薪俸。

 18. 辞:放弃。

 19. 蹈:踏。

三、翻译提示

  《中庸》是儒家典籍的重要组成部分,其思想博大精深,在进行翻译工作时,首先要理解原作的哲学内涵,寻找优良的注本,如朱熹的注疏。这要求译者要做好必要的查阅工作。其次要注意尊重原作的风格和语体,注意保持基本的范畴,避免过度现代化或简化,以尊重原作的文化和历史价值。对关键术语,如"中庸""道""诚"等,应准确传达其复杂和多层次的含义。最后,译者要有跨文化交际的意识,翻译时要寻找文化间的相似性或可接受性,考虑译文读者的预期和需求,平衡学术性和可读性,平衡自己的主观性和对原作的客观性呈现,使译文读者能够顺畅地阅读和理解。

第八章

"四书"的翻译
——《孟子》

第一节 作者、作品简介及作品英译概述

《孟子》是儒家又一部经典,对中国文化产生了重要影响,其思想性、文化性和文学性决定了其作为儒家典籍的历史地位。作为《四书》之一的中国典籍,《孟子》的英译在中外文明交流互鉴中起着积极作用。

一、作者简介

孟子是我国古代著名的思想家、教育家、政治家、政论家、散文家和哲学家,孔子学说的继承者,儒家的重要代表人物。他被尊称为"亚圣",与孔子合称"孔孟"。二者的思想合称"孔孟之道"。

相传孟子是鲁国贵族孟孙氏的后裔,其生辰有两种说法:一是生于周烈王 4 年(公元前 372 年),卒于周赧王 26 年(公元前 289 年)(此说法流传较广);二是生于周安王 17 年(公元前 385 年),约卒于周赧王 12 年(公元前 303 年)或周赧王 13 年(公元前 302 年)。孟子自幼父亲早逝,家庭贫困,与母亲相依为命,为了给他营造一个良好的成长氛围,孟母曾三次搬家,这也成为一时佳话。

孟子学成以后,开始以士的身份周游列国,游说诸侯,企图推行自己的政治主张,到过梁(魏)国、齐国、宋国、滕国、鲁国,均未能见用。据《史记》

卷七十四"孟子荀卿列传"记载,在孟子的那个时代,各国无不利用法家新崛起的人才而富国强兵,在天下正兢兢业业于或合纵以抗秦,或连横以媚秦的当儿,各国无不视征战为至高无上的事情。而孟子竟然对各诸侯称述远古唐尧虞舜及夏商周三代的仁政德治,自然难合时宜,不被重用。于是退而专心著述,跟弟子万章等人,叙述《诗经》《书经》等,阐扬孔子的学说,成《孟子》一书,凡七篇①。孟子是第一个将儒家思想理论化和系统化的人。

二、作品简介

孟子思想集中体现在《孟子》一书中,该书大概完成于战国中晚期。需要指出的是,《孟子》虽在儒家"十三经"和"四书"之列,对中国文化产生了巨大的影响,但其地位并非始于成书之时。《孟子》成书之初,只被列为诸子之书。到南宋时,朱熹将《孟子》《论语》《大学》《中庸》合在一起称为"四书",从此《孟子》正式跻身"经"的行列。元、明以后直至清末,《孟子》一直是科举考试的必考内容,成为读书人的必读之书,地位更加稳固。

《孟子》是四书中篇幅最长,部头最重的一本,有三万五千多字,直到清末都是科举必考内容。《孟子》一书共七篇,是战国时期孟子的言论汇编,记录了孟子与其他各家思想的争辩、对弟子的言传身教、游说诸侯等内容。《汉书·艺文志》所记《孟子》为十一篇:内七篇,外四篇。东汉赵岐对《孟子》进行整理发现外四篇的行文与内篇并不相似,不如内篇宏深,似非孟子真本,遂舍外四篇而仅注内七篇,并将内七篇每篇分为上、下,总共十四卷,即现《孟子》定本。遗憾的是外四篇现均已亡佚。今《孟子》七篇十四卷依次为《梁惠王》上、下,《公孙丑》上、下,《滕文公》上、下,《离娄》上、下,《万章》上、下,《告子》上、下,《尽心》上、下。每篇内容并不相关,亦无一定次序,篇题均以各篇首章开头句内容而定。《孟子》记录了孟子的治国思想、政治策略(仁政、王霸之辨、民本、格君心之非)和政治行动。其学说的出发点为性善论,主张德治。

---

① 司马迁,白话史记[M].北京:新世界出版社,2007:702.

《孟子》所提出的儒学思想对中华文化、民族心理和伦理道德都产生了巨大和深远的影响。《孟子》儒学思想的重要观点主要包含以下几方面：

（1）性善论。"性善论"是孟子伦理思想和政治思想的核心。孟子认为人性本善，与孔子一脉相承，但他更强调人性的善良本质，认为人之初就具有善的本性。这种性善是人和动物的根本区别，且人天性善良，"人之所不学而能者，其良能也。所不虑而知者，其良知也。"（《孟子·尽心上》），人生来就有"善端"，具有"良知"，并将"性善"分为恻隐、善恶、辞让和是非四端，分别对应仁、义、礼、智。孟子的"性善论"认为人性善是人内省的修养方法，经过自我修养，能成为完美道德。性善能够唤起人善良的本质，是后世儒家思想的主流。

（2）仁政论。"仁政"是孟子政治思想的核心。孟子继承和发展了孔子"仁学"思想，把"仁学"发展成思想、政治、经济、文化等的施政纲领，形成了"仁政"。他提倡以仁爱之心治理国家，主张君主应当像慈父一样关爱百姓，对人民有深切的同情和爱心，通过仁政来维护社会秩序，使人民安居乐业。"乐民之乐者，民亦乐其乐；忧民之忧者，民亦忧其忧。"（《孟子·梁惠王下》）"仁政"是指在政治上启发统治者"重民"；法律上提倡仁爱，废除株连；经济上保障百姓利益，改善百姓生活。孟子的"仁政学说"成了中国传统政治理论的创见，对后世产生了深远的影响。

（3）义利观。义利之辩是指人们在追求个人利益和社会公义之间的冲突。孟子认为，人们应该追求正义和道德原则，而不是仅仅追求个人利益，孟子主张"轻利取义""舍生取义"。他强调，人类是社交动物，只有通过彼此信任和合作，才能达到真正的幸福和繁荣。孟子认为，在社会中，人们必须遵守一定的规则和道德准则，才能实现和谐和稳定。这些规则和准则既是为了保护每个人的利益和权利，也是为了维护整个社会的利益和福利。因此，孟子主张人们应该根据道德原则来行事，而不是仅仅追求个人利益，更是推崇"富贵不能淫、贫贱不能移、威武不能屈"的高尚人格，主张做人要有"浩然之气"，从而奠定了中国儒家人文精神的基石。

（4）教育观。孟子的教育思想强调了教育的重要性以及教育的目的是培养人的品德和德行。他认为，教育不仅仅是为了获取知识，更重要的是要塑造一个人的品格和道德。他认为教育的目的在于"明人伦",使人的"善端"得到充分拓展,成为道德"完人"。因此在教学上孟子主张"因材施教",提出"尽信《书》,则不如无《书》"(《孟子·尽心下》)的独立思考方式;他主张教育他人要"以其昭昭使人昭昭";认为学习应"循序渐进",遵循自然规律,不可拔苗助长;认为学习的过程中要"专心有恒",只有集中精力、专心致志,才能取得良好的学习效果。

这些思想对中国古代的政治、社会和伦理观念产生了深远的影响,并在后世的儒家思想传承中占据重要地位。

三、作品英译概述

《孟子》的英译相对于"四书"中的其他三本来看,时间稍微晚些。据马祖毅①和张西平②考证,有文献记载的《孟子》西译约始于 16 世纪下半叶,英译则直到 18 世纪,出版商布鲁克斯(R. Brookes)和卡夫(E. Cave)分别于 1736 年和 1738 年将法国汉学家杜赫德(Jean-Baptiste Du Halde,1674—1743年)的《中华帝国全志》译成英文,才开始了《孟子》英译。遗憾的是,那个译本没有确切的文本,只是孟子本人的详细介绍和一些主要思想,属于编译。

真正将《孟子》文本进行英译始于 19 世纪的传教士。现可考证的最早译本为 1828 年柯大卫所译《中国经典:通称四书》中的最后一章,此译本"孟子传"6 页,"上孟"96 页,"下孟"99 页,附有大量注释,有利于读者对原文的理解。之后为 1861 年英国传教士、理雅各在中国香港出版所译的《中国经典》,其中第二卷为《孟子》(*The Works of Mencius*)。理雅各译本一出,成为英译《孟子》的典范,分别于 1893 年、1895 年、1960 年、1970 年及以后在国内外多次再版,影响巨大而深远。此外,理雅各还著有《孟子的生平和学说》(*The Life and Works of Mencius*)一书,于 1875 年出版,此书包含孟子的许多言论。1882 年,Arthur Blockey Hutchinson(1841—1919 年)将德国传

---

① 马祖毅,任荣珍. 汉籍外译史(修订本)[M]. 武汉:湖北教育出版社,2003.
② 张西平. 欧洲早期汉学史[M]. 北京:中华书局,2009.

教士花之安（Ernst Faber，1839—1899 年）所著《孟子的思想；基于道德哲学的政治经济学说》（*The Mind of Mencius, or Political Economy Founded upon Moral Philosophy*）从德文版转译成英文，并进行了适当修订，附上注释在伦敦出版，后多次再版。

进入 20 世纪之后，《孟子》在英语世界所受到的关注大幅上升，各文献所提及的《孟子》英译版本有 10 余种。影响比较大的有：1942 年，著名英国汉学家翟林奈出版的《孟子》（*The Book of Mencius*）节译本；1960 年，哈佛大学汉语副教授、翻译家詹姆士·魏鲁男翻译的《孟子语录》（*The Sayings of Mencius*）；1963 年，加拿大多伦多大学中文教授杜百胜（W. A. C. H. Dobson，1913—1982 年）出版的《孟子：为普通读者编注的最新译本》（*Mencius: A New Translation Arranged and Annotated for the General Reader*），该译本被收入《联合国教科文组织代表作品集/中国系列》。此外，英国汉学家和文学翻译家韦利（Arthur Waley，1889—1966 年）编译的《古代中国的三种思维方式》（*Three Ways of Thought in Ancient China*）中含有《孟子》主体部分的摘录，该书共 275 页，最初于 1939 年在伦敦出版发行，后多次再版。英国学者翟林奈（Lionel Giles），英国政府官员兼汉学家赖发洛（Leonard A. Lyall），美国汉学家顾理雅（Herrlee Glessner Creel，1905—1994 年）、诗人庞德（Ezra Pound，1885—1972 年）等都翻译过《孟子》。值得注意的是，20 世纪《孟子》英译出现了华人译者的身影，较早的有海外华人翟楚（Ch'u Chai）、翟文伯（Winberg Chai）父子合译的《孔子圣书及其它中国经典》（*The Sacred Books of Confucius, and Other Confucian Classics*），其中第二部分为《孟子》；影响最大的是香港中文大学刘殿爵（Dim Cheuk Lau，1921—2010 年）所译《孟子》于 1970 年在伦敦企鹅出版社出版。真正意义上由中国学者独立完成的《孟子》英译本并得到国内官方认可的《孟子》（*Mencius*）译本于 1993 年出版发行。该译本由赵甄陶（1921—2000 年）等翻译并于 1999 年被"大中华文库"收录出版。全书采取原文、白话文和英文对照的形式，按《孟子》定本顺序编排，标有章节序号，且在书末附有译名对照本。

21 世纪的《孟子》英译出现了新的形式，国内多部编译本，如 2002 年华语教学出版社出版了何祚康、郁苓译的《孟子名言录》（*Quotations from*

Mencius)和蔡希勤编著、郁苓英译的《孟子的故事》(*The Life and Wisdom of Mencius*);2007 年汉佳、王国振英译的《亚圣：孟子》(*Mencius: A Benevolent Saint for the Ages*)等。国外则是英译与英译研究相结合,诸多译本不是纯粹的翻译,加入了译者对《孟子》、孟子思想或儒家思想等的研究。具代表性的《孟子》译本分别来自万白安(Bryan W. Van Norden)、瓦格纳(Donald B. Wagner)、布雅(Brian Bruya)和卜爱莲(Irene Bloom)等。

第二节　作品英译赏析

两百多年来,国内外涌现了很多《孟子》的译本,不同译者因为其所处的时代、所具有的身份和对《孟子》及中国文化理解的不同,其翻译的方法和路径也有所不同。本节,我们将选取三位译者对《孟子》选段的译本进行赏析,从而学习如何诠释经典。这三位译者分别是传教士理雅各(James Legge),政府官员赖发洛(Leonard A. Lyall)和华裔学者刘殿爵(D. C. Lau)。

一、《公孙丑章句上》选段

（一）原文

孟子曰:"人皆有不忍人之心。先王有不忍人之心,斯有不忍人之政矣;以不忍人之心,行不忍人之政,治天下可运之掌上。所以谓人皆有不忍人之心者:今人乍见孺子将入于井,皆有怵惕恻隐之心;非所以内交于孺子之父母也,非所以要誉于乡党朋友也,非恶其声而然也。由是观之,无恻隐之心,非人也;无羞恶之心,非人也;无辞让之心,非人也;无是非之心,非人也。恻隐之心,仁之端也;羞恶之心,义之端也;辞让之心,礼之端也;是非之心,智之端也。人之有是四端也,犹其有四体也。有是四端而自谓不能者,自贼者也;谓其君不能者,贼其君者也。凡有四端于我者,知皆扩而充之矣,若火之始然,泉之始达。苟能充之,足以保四海;苟不充之,不足以事父母。"

（二）朱熹注释

天地以生物为心，而所生之物因各得夫天地生物之心以为心，所以人皆有不忍人之心也。言众人虽有不忍人之心，然物欲害之，存焉者寡，故不能察识而推之政事之间；惟圣人全体此心，随感而应，故其所行无非不忍人之政也。怵，音黜。内，读为纳。要，平声。恶，去声，下同。乍，犹忽也。怵惕，惊动貌。恻，伤之切也。隐，痛之深也。此即所谓不忍人之心也。内，结。要，求。声，名也。言乍见之时，便有此心，随见而发，非由此三者而然也。程子曰："满腔子是恻隐之心。"谢氏曰："人须是识其真心。方乍见孺子入井之时，其心怵惕，乃真心也。非思而得。非勉而中，天理之自然也。内交、要誉、恶其声而然，即人欲之私矣。"恶，去声，下同。羞，耻己之不善也。恶，憎人之不善也。辞，解使去己也。让，推以与人也。是，知其善而以为是也。非，知其恶而以为非也。人之所以为心，不外乎是四者，故因论恻隐而悉数之。言人若无此，则不得谓之人，所以明其必有也。恻隐、羞恶、辞让、是非，情也。仁、义、礼、智，性也。心，统性情者也。端，绪也。因其情之发，而性之本然可得而见，犹有物在中而绪见于外也。四体，四支，人之所必有者也。自谓不能者，物欲蔽之耳。扩，音廓。扩，推广之意。充，满也。四端在我，随处发见。知皆即此推广，而充满其本然之量，则其日新又新，将有不能自已者矣。能由此而遂充之，则四海虽远，亦吾度内，无难保者；不能充之，则虽事之至近而不能矣。此章所论人之性情，心之体用，本然全具，而各有条理如此。学者于此，反求默识而扩充之，则天之所以与我者，可以无不尽矣。程子曰："人皆有是心，惟君子为能扩而充之。不能然者，皆自弃也。然其充与不充，亦在我而已矣。"又曰："四端不言信者，既有诚心为四端，则信在其中矣。"愚按：四端之信，犹五行之土。无定位，无成名，无专气。而水、火、金、木，无不待是以生者。故土于四行无不在，于四时则寄王焉，其理亦犹是也。

（三）三篇译文

理雅各译文：

Mencius said, All men have a mind which cannot bear to *see* the *sufferings of others*. The ancient kings had this commiserating mind, and they, as a matter of course, had likewise a commiserating government. When with a commiserating mind was practised a commiserating government, to rule the kingdom was *as easy a matter as* to make anything go round in the palm. When I say that all men have a mind which cannot bear to see *the sufferings of others*, my meaning may be illustrated thus: —even nowadays, if men suddenly see a child about to fall into a well, they will without exception experience a feeling of alarm and distress. *They will feel so*, not as a ground on which they may gain the favour of the child's parents, nor as a ground on which they may seek the praise of their neighbours and friends, nor from a dislike to the reputation of *having been unmoved* by such a thing. From this case we may perceive that the feeling of commiseration is essential to man, that the feeling of shame and dislike is essential to man, that the feeling of modesty and complaisance is essential to man, and that the feeling of approving and disapproving is essential to man. The feeling of commiseration is the principle of benevolence. The feeling of shame and dislike is the principle of righteousness. The feeling of modesty and complaisance is the principle of propriety. The feeling of approving and disapproving is the principle of knowledge. Men have these four principles just as they have their four limbs. When men, having these four principles, yet say of themselves that they cannot develop them, they play the thief with themselves, and he who says of his prince that he cannot develop them plays the thief with his prince. Since all men have these four principles in themselves, let them know to give them all their development and completion, and the issue will be like that of fire which has begun to burn, or that of a spring which has begun to find vent. Let them have their complete development, and they will suffice to love and protect all within the four seas. Let them be denied that development, and they will not suffice for a man to serve his parents with.

赖发洛译文：

Mencius said, Every man has a heart that pities others. Because the kings of the past had hearts that pitied others, their government pitied men. When a heart that pitied others governs by pity for men, all below heaven can be ruled as if it were carried in the palm. I say that every man has a heart that pities others, for the heart of every man is moved by fear and horror, tenderness and mercy, if he suddenly sees a child about to fall into a well. And this is not because he wishes to make friends with the child's father and mother or to win praise from his country folk and friends, nor because the child's cries hurt him. This shows that no man is without a merciful, tender heart, no man is without a heart for shame and hatred, no man is without a heart to give way and yield, no man is without a heart for right and wrong. A merciful, tender heart is the seed of love; a heart for shame and hatred is the seed of right; a heart to give way and yield is the seed of courtesy; a heart for right and wrong is the seed of wisdom. Man has these four seeds in him as he has four limbs. And having these four seeds in him, if he says of himself "I cannot," he robs himself, and if he says of his lord "He cannot," he robs his lord. Having these four seeds in him, every man that makes them all sprout and grow is as a fire that begins to burn, as a spring that begins to flow. If he can develop them they are enough to ward the four seas; if they are not developed they will not avail to serve father and mother.

刘殿爵译文：

Mencius said, No man is devoid of a heart sensitive to the suffering of others. Such a sensitive heart was possessed by the Former Kings and this manifested itself in compassionate government. With such a sensitive heart behind compassionate government, it was as easy to rule the Empire as rolling it on your palm. My reason for saying that no man is devoid of a heart sensitive to the suffering of others is this. Suppose a man were, all of a sudden, to see a young child on the verge of falling into a well. He would certainly be moved to compassion, not because he wanted to get in the good graces of the parents, nor because he wished to win the praise of his fellow villagers or friends, nor yet because he disliked the cry of the child. From this it can be seen that whoever is devoid of the heart of compassion is not human, whoever is devoid of the heart of shame is not human, whoever is devoid of the heart of courtesy and modesty is not human, and whoever is devoid of the heart of right and wrong is not human. The heart of compassion is the germ of benevolence; the heart of shame, of dutifulness; the heart of courtesy and modesty, of observance of the rites, the heart of right and wrong, of wisdom. Man has these four germs just as he has four limbs. For a man possessing these four germs to deny his own potentialities is for him to cripple himself, for him to deny the potentialities of his prince is for him to cripple his prince. If a man is able to develop all these four germs that he possesses, it will be like a fire starting up or a spring coming through. When these are fully developed, he can take under his protection the whole realm within the Four Seas, but if he fails to develop them, he will not be able even to serve his parents.

（四）译文赏析

本节是孟子关于"人有四端"的论述，"四端"的概念在孟子思想体系中占有重要地位，具有强大的文化负载。孟子以偶见幼儿即将落水为契机，以恻隐之心为根本，再加上羞恶、辞让、是非之心，共称为"四端"，认为后天道德观念的仁、义、礼、智皆由人的内心生发出来。最后鼓励人们发挥并充实自己和他人的"四端"，以事父母扶君主，保社稷安天下为己任。

"人皆有不忍人之心。"在翻译此句时，几个译者都保留了原文的语言形式和交际线索，直接见证了中国文化中"心"的形象，但是赖发洛和刘殿爵用了"heart"这个概念代替心，似乎更有器官上的含义，而理雅格认为"mind"更是从内心上讲的意思。而理雅格和刘殿爵用"the suffering of others"足以令译文读者理解孟子所言的"心"的含义。赖发洛将之译为"同情他人的心"（a heart that pities others）并非"四心"的统称，而是特指"恻隐之心"。

"乍见孺子将入于井"一句，将人们突然看见孩子要跌入井时，在瞬间内由惊慌到同情的感情变化描绘得生动逼真。理雅各将之译为"感到惊慌和担心",认为这些感情在人们突然看见孩子遇到危险的同时涌上心头。"怵"和"惕","恻"和"隐"是同义反复,分别强调害怕和同情,赖发洛严格按照原文结构,用"fear and horror"和"tenderness and mercy"翻译,保留了原文反复强调的特点。刘殿爵将"怵惕恻隐之心"意译为"compassion(同情心)",不能体现怵惕和乍见的呼应,表惊奇、恐惧之意。

"由是观之"一句是孟子对人的本质特征的主要论断,也是性善论的前提和依据。理雅各采用意译法,采取了反说正译,化否定句式为肯定句式,体现了翻译中视角的转换。反复使用"essential to man"来表明"四心"是人类固有且本质的存在,这与孟子的心性论是一致的。赖发洛则用"no man is without"来强调"四心"存在于所有人中,是人的共性。刘殿爵用"whoever is devoid...not human"反复强调"四心"是人之所以为人的重要标志,没有"四心"就不能称作人,对译文读者来说,"not human"会产生对人的种属产生错觉。理雅各将"是非之心"译为"the feeling of approving and disapproving"(赞成和反对的情感),只是强调个人感受,不能体现孟子对"是非之心"的独特认识。从孟子的整个思想体系看,他认为"是非之心"的作用是判断人的行为正确与否,标准是人的本然善性,即凡是符合人的本然善性的行为都是正确的,凡是违背它的都是错误的。赖发洛和刘殿爵的译文"a heart for/of right and wrong"(用来判断正确和错误的心)不能完整体现"是非之心"的内涵,但比理雅各的译文准确。

"四端"一句,理雅各将"端"翻译为"principle"(起源),认为"四心"是仁、义、礼、智的来源。赖发洛用"seed"译"端"。"seed"有"萌芽,开端"之意,形神兼备地翻译出了古汉语中"端"的含义。刘殿爵将之译为"germ",根据《美国传统词典》,它的含义是"萌芽、雏形、原形",指那些"可作为进一步成长或发展的基础事物"。可见,"germ"不仅体现了"端"的含义,而且表明仁义礼智是"四心"成长发展的结果。三位译者对"端"的翻译是准确的,对"四心"与"四德"关系的理解也是到位的。"义"的本义是适宜,是公认适宜的、应坚持的道德行为准则,对道德标准和价值观的忠诚,理雅各将其译为"righteousness",含有"morally right and good, adhering to moral principles"的意思,词义与原文较为相符。而刘殿爵译的"dutifulness"多表示"doing everything that you are expected to do; willing to obey and to show respect",强调的是尽职、顺从,与"义"的内涵不符。"礼"强调社会交往中遵守的礼节和规范,维系社会秩序和稳定,协调和睦的人际关系。刘殿爵译的"rite"指宗教上偏具体的仪式或典礼,带有宗教色彩;而理雅各译的"propriety"意为"moral and social behavior that is considered to be correct/the rules of correct behavior",强调得体、合分寸的行为规范,与原文意思相近。"智"能够明辨是非、善恶分明和明理睿智的能力,刘殿爵译本中的"wisdom"侧重于用现有知识和经验做出明智决断的能力;理雅各译本中的"knowledge"侧重于获得的知识、学问;"intelligence"则侧重于智力、智慧,所以将其译为"wisdom"更加合适。

最后一句,孟子认为,如果"四心"能够得到充分扩充和发展,成长为"四德",那么拥有"四德"的人就有能力结束四分五裂的社会状况,恢复四海之内的安定统一。由于当时人们的认识能力有限,孟子所谓的"四海"仅局限在古代中国的版图之内,而非全世界。理雅各将"苟能充之,足以保四海"译为"如果让它们充分发展,那么四心就能够爱护和保有四海之内的所有事物。"他认为"足以保四海"的主语是"扩充后的四心",但是"四心"离不开人,必须通过人发挥作用,因而"保四海"的执行者是使"四心"得以充分发展的人更确切。赖发洛的译文是"如果他能够发展四心,那么四心就能够守卫四海"。与理雅各译本一样,他也不恰当地认为"四心"是"保四海"的主语。此外,"保四海"指的是安定四海之内的国民,而非"守卫四个海域"。刘殿爵的译文是"当四心得到充分发展后,他就能够保卫四海之内的整个国家。"他的译文更能准确体现原文之意。

二、《公孙丑章句下》选段

(一) 原文

孟子曰:"天时不如地利,地利不如人和。三里之城,七里之郭,环而攻之而不胜。夫环而攻之,必有得天时者矣,然而不胜者,是天时不如地利也。城非不高也,池非不深也,兵革非不坚利也,米粟非不多也,委而去之,是地利不如人和也。故曰:域民不以封疆之界,固国不以山溪之险,威天下不以兵革之利。得道者多助,失道者寡助。寡助之至,亲戚畔之。多助之至,天下顺之。以天下之所顺,攻亲戚之所畔,故君子有不战,战必胜矣。"

(二)朱熹注释

孟子曰:"天时不如地利,地利不如人和。天时,谓时日支干、孤虚、王相之属也。地利,险阻、城池之固也。人和,得民心之和也。三里之城,七里之郭,环而攻之而不胜。夫环而攻之,必有得天时者矣;然而不胜者,是天时不如地利也。夫,音扶。三里七里,城郭之小者。郭,外城。环,围也。言四面攻围,旷日持久,必有值天时之善者。城非不高也,池非不深也,兵革非不坚利也,米粟非不多也;委而去之,是地利不如人和也。革,甲也。粟,谷也。委,弃也。言不得民心,民不为守也。故曰:域民不以封疆之界,固国不以山溪之险,威天下不以兵革之利。得道者多助,失道者寡助。寡助之至,亲戚畔之;多助之至,天下顺之。域,界限也。以天下之所顺,攻亲戚之所畔;故君子有不战,战必胜矣。"言不战则已,战则必胜。尹氏曰:"言得天下者,凡以得民心而已。"

(三)三篇译文

理雅各译文:

Mencius said, Opportunities of time vouchsafed by Heaven are not equal to advantages of situation afforded by the Earth, and advantages of situation afforded by the Earth are not equal to the union arising from the accord of Men. There is a city with an inner wall of three Li in circumference, and an outer wall of seven. The enemy surround and attack it, but they are not able to take it. Now, to surround and attack it, there must have been vouchsafed to them by Heaven the opportunity of time, and in such case their not taking it is because opportunities of time vouchsafed by Heaven are not equal to advantages of situation afforded by the Earth. There is a city, whose walls are distinguished for their height, and whose moats are distinguished for their depth, where the arms of its defenders, offensive and defensive, are distinguished for their strength and sharpness, and the stores of rice and other grain are very large. Yet it is obliged to be given up and abandoned. This is because advantages of situation afforded by the Earth are not equal to the union arising from the accord of Men. In accordance with these principles it is said, "A people is bounded in, not by the limits of dykes and borders; a State is secured, not by the strengths of mountains and rivers; the kingdom is overawed, not by the sharpness and strength of arms." He who finds the proper course has many to assist him. He who loses the proper course has few to assist him. When this, — the being assisted by few, — reaches its extreme point, his own relations revolt from the prince. When the being assisted by many reaches its highest point, the whole kingdom becomes obedient to the prince. When one to whom the whole kingdom is prepared to be obedient, attacks those from whom their own relations revolt, what must be the result? Therefore, the true ruler will prefer not to fight; but if he do fight, he must overcome.

赖发洛译文:

Mencius said, The hour of heaven is less than vantage on earth; vantage on earth is less than agreement among men. A wall three miles long with seven miles of outworks is beset and attacked, but not taken. To beset and attack it, the hour must have been won from heaven; and since it was not taken, the hour of heaven is less than vantage on earth. The walls do not lack height, the moat does not lack depth, the sword and mail are neither blunt nor weak, rice and grain are not scarce; yet the town is given over and forsaken. So vantage on earth is less than agreement among men. Hence the saying, A people is not penned in by lines of ramparts and dykes, a country is not kept safe by dangers of hill and dale, all below heaven is not overawed by sharp swords and mail. He that has found the way has many helpers, he that lost the way has few helpers. He has the fewest helpers whose kith and kin rebel; he has the most helpers whom all below heaven obeys. Thus a gentleman may not go to war with a man whose kith and kin rebel, but-if he does make war upon him, since all below heaven obeys him, he must win.

刘殿爵译文:

Mencius said, Heaven's favorable weather is less important than Earth's advantageous terrain, and Earth's advantageous terrain is less important than human unity. Suppose you laid siege to a city with inner walls measuring, on each side, three li and outer walls measuring seven li, and you failed to take it. Now in the course of the siege, there must have been, at one time or another, favourable weather, and in spite of that you failed to take the city. This shows that favorable weather is less important than advantageous terrain. Sometimes a city has to be abandoned in spite of the height of its walls and depth of its moat, the quality of arms and abundance of food supplies. This shows that advantageous terrain is less important than human unity. Hence it is said, It is not by boundaries that the people are confined, it is not by difficult terrain that a state is rendered secure, and it is not by superiority of arms that the Empire is kept in awe. One who has the Way will have many to support him; one who has not the Way will have few to support him. In extreme cases, the latter will find even his own flesh and blood turning against him while the former will have the whole Empire at his behest. Hence either a gentleman does not go to war or else he is sure of victory, for he will have the whole Empire at his behest, while his opponent will have even his own flesh and blood turning against him.

(四) 译文赏析

这一段选自《公孙丑下》的"天时不如地利"一节,这一节体现的是孟子通过军事作战中"人和"的重要性来说服当权者行仁政的思想。本节也是一篇独白式的正式文体论辩文,章节短小精悍,结构工整,篇章严密,多处运用对比、排比等修辞方式,是一篇典型的典籍议论文体。

开篇首句阐述的是中国文化中天、地、人三者之间的关系。此处的天时、地利和人和是针对军事战斗而言的,其中,"天"是物质之天,有"自然之天"的含义,朱熹注释为"时日支干、孤虚、王相之属也。"理雅各译的是"Opportunities of time vouchsafed by Heaven",赖发洛译的是"The hour of heaven",刘殿爵译的是"Heaven's favorable weather"。三个译本都把"天时"与"Heaven"相联系,容易让人联想到西方宗教的上帝、天堂之意,宗教文化意味较浓,此种顺应译文读者的归化翻译违背了原文"自然之天"的意义。刘殿爵更强调了天气在军事上的影响,只包含其中一部分的天时,而赖发洛则将其译为"天机",更有一种神秘主义色彩。"地利"应指有利于作战的地形地貌、牢固的城墙和较深的护城河。理雅各译的"advantages of situation afforded by the Earth"和赖发洛译的"vantage on earth"中的"situation"和"vantage"语义过于模糊,没有表达出山川城池的具体特征。而刘殿爵使用了语义较为具体的词语"terrain",清楚地表达了"地利"的所指。"人和"则指人心所向,军队士气和内部团结。理雅各和赖发洛译的"the accord of Men"和"agreement among men"都只表达了人们意见或行为的一致性;而且,赖发洛从政府官员的视角将"人和"译为"agreement",表明对人民的一种要求,不能反映出军队士气和团结程度的高低。而刘殿爵译的"human unity"则凸显了军队作战中团结与士气的力量,更符合原文的主旨。

"三里之城,七里之郭"指古代都邑四周用作防御的高墙,一般分两重,里面的叫内城,外面的叫郭,是在内城的外围加筑的城墙。理雅各将之译为"有一座城邦,内城墙周长三里,外城墙七里。"他虽然看到了"城"和"郭"的区别,但错误地认为三里和七里分别指城墙的周长。赖发洛的译文是"一个三米长的墙有一个长达七米的外垒。"这种稀奇古怪的翻译令人费解。刘殿爵的译文是"有一座城邦,它的内城墙每边长三里,外城墙每边长七里。"他的译文既体现了城、郭之别,又看到了此处的"三"和

"七"分别指边长而非周长,准确体现了原文之意。"城非不高也"一句,几位译者都表达相同的意思,但是句式不同,刘殿爵将顺序倒换,更把"委而去之"用"abandon"来表示,后面几个词并列使用,很好地体现了原文的含义。

此外,"亲戚"在古代有三种不同的含义:一是指父母;二是指父母兄妹;三,亲指族内,戚指族外。根据上下文,此处的"亲戚"指那些因血缘或婚姻而发生关系的人。理雅各将之译为"relations"。"relations"既可以指因血缘或婚姻而发生关联的人,也可以指两个或更多的事物之间的逻辑或自然的联系,用它翻译扩大了"亲戚"的范围。赖发洛的"kith and kin"将朋友包含在内,也不能准确再现"亲戚"的内涵。刘殿爵将"亲戚"译为"his own flesh and blood"。他认为"亲戚"特指血肉至亲,以突出"寡助之至"的危害。相比之下,刘殿爵的译文在外延和内涵上更能对应"亲戚"之义。理雅各将"得道"翻译为"找到正确的路线",赖发洛译为"找到道",刘殿爵译为"拥有道"。赖发洛和刘殿爵都未翻译出"道"在此处的具体含义,理雅各虽试图译出,但不准确。孟子在本章从作战说起,引申到国家治理,始终在强调一件事,那就是"人和"的重要性。因而在翻译"得道者多助,失道者寡助"时,将"道"理解为"得人心,行仁政",可以凸显孟子的民本思想。

最后一句"君子有不战,战必胜矣",其语言简洁有力,孟子自信坚定的语气可见一斑。理雅各和赖发洛通过情态动词"must"表达出主观的肯定推测,刘殿爵则采用情态形容词"is sure of"实现语气的表达。这两种方式都属"高"的情态程度,皆能体现孟子自信坚定的语气,但是在句式表达上,理雅各用"What must be the result?"作为设问,后句对其进行回应,回答得铿锵有力,再现了孟子的"王者师"风范。"君子"在不同的篇章中含义不同。本章从论述作战说起,最后引申到以仁政治国,因而此处的"君子"应特指得人心的国君。理雅各看到了"君子"含义的丰富性,根据上下文将其译为"the true ruler"(真正的统治者)是准确的。赖发洛和刘殿爵译为"gentleman",有利于确保对《孟子》中核心词汇翻译的贯穿和统一,但不能体现"君子"在不同语境下内涵的独特性。

第三节 翻 译 练 习

一、原文

孟子见梁惠王·第一节

孟子见梁惠王。王曰:"叟!不远千里而来,亦将有以利吾国乎?"

孟子对曰:"王何必曰利?亦有仁义而已矣。王曰:'何以利吾国?'大夫曰:'何以利吾家?'士庶人曰:'何以利吾身?'上下交征利而国危矣。万乘之国,弑其君者,必千乘之家;千乘之国,弑其君者,必百乘之家。万取千焉,千取百焉,不为不多矣。苟为后义而先利,不夺不餍。未有仁而遗其亲者也,未有义而后其君者也。王亦曰仁义而已矣,何必曰利?"

二、朱熹注释

1. 梁惠王,魏侯也。都大梁,僭称王,谥曰惠。《史记》:"惠王三十五年,卑礼厚币以招贤者,而孟轲至梁。"

2. 叟,长老之称。王所谓利,盖富国强兵之类。

3. 仁者,心之德、爱之理。义者,心之制、事之宜也。此二句乃一章之大指,下文乃详言之。后多放此。

4. 乘,去声。餍,于艳反。此言求利之害,以明上文何必曰利之意也。征,取也。上取乎下,下取乎上,故曰交征。国危,谓将有弑夺之祸。乘,车数也。万乘之国者,天子畿内地方千里,出车万乘。千乘之家者,天子之公卿采地方百里,出车千乘也。千乘之国,诸侯之国。百乘之家,诸侯之大夫也。弑,下杀上也。餍,足也。言臣之于君,每十分而取其一分,亦已多矣。若又以义为后而以利为先,则不弑其君而尽夺之,其心未肯以为足也。

5. 此言仁义未尝不利,以明上文亦有仁义而已之意也。遗,犹弃也。后,不急也。言仁者必爱其亲,义者必急其君。故人君躬行仁义而无求利之心,则其下化之,自亲戴于己也。

6. 重言之,以结上文两节之意。此章言仁义根于人心之固有,天理之公也。利心生于物我之相形,人欲之私也。循天理,则不求利而自无不利;殉人欲,则求利未得而害已随之。所谓毫厘之差,千里之缪。此孟子之书所以造端托始之深意,学者所宜精察而明辨也。太史公曰:"余读孟子书至梁惠王问何以利吾国,未尝不废书而叹也。曰嗟乎! 利诚乱之始也。夫子罕言利,常防其源也。故曰'放于利而行,多怨'。自天子以至于庶人,好利之弊,何以异哉?"程子曰:"君子未尝不欲利,但专以利为心则有害。惟仁义则不求利而未尝不利也。当是之时,天下之人惟利是求,而不复知有仁义。故孟子言仁义而不言利,所以拔本塞源而救其弊,此圣贤之心也。"

三、翻译提示

要翻译《孟子》,必须先了解孟子学说的核心概念,掌握其字义的主要意思。《孟子》首篇开宗明义,明辨义利,主张"王何必曰利? 亦有仁义而已矣"。要全面理解"义利之辨"的内涵,首先要对孟子的义利观有所理解。其次,需要对《孟子》书中的特定文化术语(cultural-specific terms)有所认识,如本节中所举的"仁、义""千乘""万乘"等。朱熹的注释为理解本文提供了很好的解释,这里也涉及了很多当时具有独特文化背景的事物。要处理这些事物的翻译问题,译者面对的不只是词汇空缺的问题,更要考虑文化隔阂的问题、译文读者理解能力的问题。为避免曲解原意,译者只能用注释加以补充说明,有时甚至只能用拼音加上直译的方式来处理。

第九章
朱子学的翻译

第一节　朱子学简介及英译概述

　　朱子学是自孔孟以来对中国影响最大的思想学说,在中国古代历经元、明、清三代,成为中国人修身、齐家、治国、平天下的精神支柱,影响中国近800年,被称为"第二期儒学"。然而,朱子学不仅仅是中国的朱子学,也是世界的朱子学,早在13世纪就跨越国界,传入邻邦的朝鲜、日本、越南及东南亚其他国家,并产生影响力;到16世纪,朱子学开始被翻译并传入西方,18世纪进入美国。19世纪以后,随着英美等国来华传教士的参与,朱子学开始了从汉语直接译为英语的世界之旅,逐渐成为英语世界翻译与研究的对象,并以此为纽带,沟通中外文化对话。

一、朱熹与朱子学

　　朱熹(1130—1200年),字元晦,又字仲晦,号晦庵、晦翁、考亭先生、云谷老人、沧州病叟、逆翁等,谥文,被称为朱文公。朱熹祖籍江西婺源,出生在福建尤溪,是宋朝著名的理学家、思想家、哲学家、教育家、诗人,闽学派的代表人物,儒学集大成者,世尊称为朱子。朱子是唯一非孔子亲传弟子而享祀孔庙,位列大成殿十二哲者中,受儒教祭祀。其理学思想对元、明、清三朝影响很大,成为三朝的官方哲学,被后世称为"朱子学",因其极力推崇北宋"二程"(程颢、程颐)的学说,也被合称为"程朱理学",其英文表述为"Neo-

Confucianism"。钱穆先生在《朱子学新学案·朱子学提纲代序》中指出：
"中国历史上，前古有孔子，近古有朱子，此二人，皆在中国学术思想史及中国文化史上发出莫大声光，留下莫大影响。旷观全史，恐无第三人堪与伦比。"

　　然而，"朱子学"作为一个概念，其内涵与意义边界因时空的不同以及学术思想的开展而呈现出不断演变的特征，不同时代的"朱子学"所称不同，即使同一时代的学者在使用这一概念时也会有各自的理解和阐述进路①。因此，朱子学又称朱学、闽学等。黎昕指出，"朱熹是闽学的核心，朱熹的学术思想是这个学派的学术主张，所以闽学又称朱子学。"②事实上，"朱子学"作为一个名词，早在元代就已经有文献记载，其主要指的是朱熹的学说，如许衡（1209—1281 年）《鲁斋遗书》卷十三称"先生平生嗜朱子学，不啻饥渴，凡指示学者一以朱子为主。"明清时期这种说法得到更多的认可，但是随着朱子学说的影响不断扩大，学者们对其概念的阐述也发生了变化，特别是进入近代以来，朱子学的内涵和外延都有所扩展。从其时间发展来看，朱子学包括朱子及其门人后学的学说。陈来在一次接受采访中提出，"朱子学本身包括朱熹本人的哲学以及他的学问对后世产生的影响。朱熹的整个学派并不是在他自己的时代就完成了的。他的继承者包括他的弟子，弟子的弟子，以及虽然不是他的弟子却信仰他的学问的人，这样的人群构成了整个的朱子学。"③对此，陈荣捷也曾指出，"朱子学系能在元明清大树旗帜者，固非幸运而实有其因素也，因素不一，而门人乃其极重要者。"④从其研究内容来说，朱子学是一门多学科的学说，因为"作为整体、通贯的朱子学，学术范畴不仅涵盖《易》《诗》《礼》、'四书'等传统经学领域，更涉及哲学、史学、文学、政治学、教育学、社会学、文献学等诸多学科。"⑤从

---

① 徐公喜，郭文. 论"何谓朱子学"：一种可能的阐发途径[J]. 中国哲学史，2017（01）：73－79.

② 黎昕主编. 朱子学说与闽学发展[C]. 北京：社会科学文献出版社，2015：263.

③ 谢宁. 还原朱子学研究的重要性：陈来访谈录[J]. 博览群书，2010（12）：4－8.

④ 陈荣捷. 朱子门人[M]. 上海：华东师范大学出版社，2007：17.

⑤ 严佐之. 构建"整体、通贯的朱子学"研究文献大平台[N]. 中国社会科学报，2014－09－10（B05）.

其发展区域来说,朱子学是一门世界性的学说,出现了日本朱子学、朝鲜朱子学、美国朱子学等以地区来划分的说法。为此,甚至有学者以朱子学的传播体系构造了一个由内向外发展空间模型,即:中华文化圈的朱子学——东亚文化圈中的朱子学——世界朱子学,这一模型的建立形象地反映了朱子学这一概念所具有的地域性特征①。可见,朱熹与朱子学是世界哲学,其著述也构成了中国典籍的重要组成部分。

二、朱子学的主要内容

朱熹继承和发展了二程(程颐、程颢)等人的思想,把理气推及人类社会历史,认为"三纲五常"都是理的"流行",人们应当"去人欲,存天理",对儒家经典进行重新解读,融合儒释道一起,形成了自己独特的思想,构成了广大精微的朱子学。其主要内容包括:

(1)理学思想:朱子学将理视为宇宙万物的本原和内在规律。他认为,一切事物都有其固有的理,即其本质和规律。人类的行为应当符合天理,即道德规范,以实现个人的完善和社会的和谐。朱子认为,人的知识和修养应当以理为基础,通过学习和体悟理来达到道德的境界。

(2)格物致知:格物致知是朱子学的重要方法论之一,强调通过观察事物的本质和运行规律来认识天理。这意味着人们通过研究自然界和社会生活中的现象,探求其中的道理和规律,从而逐渐提升自己的认识水平,达到对天理的理解和认识。

(3)性理:朱子学将性视为人的天赋本质,与理相对应。他认为,人性本善,具有天然的道德倾向和品质。通过学习和修养,人们可以发挥和完善自己的性,实现道德上的完美。这也是朱子学强调道德修养和个人完善的重要基础之一。

(4)教育理念:朱子学对教育的重视体现在他的教育理念中。他主张

---

① 朱人求. 东亚朱子学研究的新课题[J]. 福州大学学报(哲学社会科学版),2014(02):5-9.

以经典为教材,通过教育培养学生的德、智、体、美、劳等方面的全面素养。朱子认为,教育的目的是培养人的品德和智慧,使其成为德才兼备的人才,为国家和社会的发展做出贡献。

（5）政治思想:在政治思想方面,朱子学强调君臣之间的相互尊重和合作,主张君主以仁义为治国原则,以身作则,以德服人。他认为,政治的根本在于德治,君主应当具备高尚的道德品质,以德育人,达到治理国家的目的。同时,他也主张君臣之间应当相互尊重、忠诚和孝顺,以建立和谐稳定的政治秩序。

总的来说,朱子学以理学为核心,强调通过学习理、实践道德、修养性情来实现个人的完善和社会的和谐。他的思想在中国儒家传统中占据重要地位,对后世儒家思想和文化产生了深远影响。

三、朱子学英译概述

从传教士进入中国并开始对外译介朱子学起,朱子学的英译经历四个时期,分别是 19 世纪传教士的翻译、20 世纪上半叶海外汉学家的翻译、20 世纪下半叶海外华人的翻译以及 21 世纪多元发展与翻译。

（一）19 世纪传教士的翻译

朱子学到底始于何时开始在英语世界进行译介,学术界目前没有定论。管见所及主要有两种,第一种是引用最多或者说被广泛接受的一种观点,即陈荣捷先生提出的朱子著述的最早英译为"1849 年裨治文采取《朱子全书》关于宇宙、天地、日月、星辰、人物、鸟兽若干语",[①]此外,还有林金水、彭国翔等人也认为朱熹的著述是在 19 世纪上半叶开始被译成英文、德文、法文等西方文字;而第一个把朱熹论述摘译成英文的人是裨治文,他于 1849 年在《中国丛报》第 18 期上发表《中国宇宙观》（"Notice of Chinese Cosmogony: formation of the visible universe, heaven, earth, the sun, moon,

---

① 陈荣捷. 朱学论集[M]. 上海:华东师范大学出版社,2007:273.

stars, man, beasts, and selected from the 'Complete Works' of Chu Hi, of the Sung dynasty"），把《朱子全书》中关于宇宙、天地、日月以及人畜的某些章节译成英文①。内容虽然很少，只有 7 页，但算是正式从朱子原始文献入手进行翻译的开始②。关于这一点，笔者认为虽然《中国丛报》是第一个译介朱子学的重地，但时间应该前移至 1836 年③。另一种是由蔡慧清博士从大众传播的角度指出，"英语世界朱子学研究和最早面向大众传播的文献应该是《印中搜闻》"。④ 这里提到的《印中搜闻》是新教传教士在马六甲创办的最早的外文期刊，创刊于 1817 年，1822 年停刊，该刊侧重对印度和中国传教情况的报道，介绍中国的佛、道和一些民间信仰，主要由英国传教士马礼逊、米怜等撰稿。可见，19 世纪，传教士获得进入中国传教的特权。他们深知宗教经典对信仰形成的影响力，因而十分重视《圣经》的翻译，却因"God"一词的汉译爆发了译名之争，于是纷纷深入当时被奉为官方正统的中国宇宙论——朱子理气论中为各自的主张寻找理据，朱子学由此迎来第一个英译高潮。这一高潮的译者均为传教士，翻译目的都是为传教寻找依据。⑤

（二）20 世纪上半叶海外汉学家的翻译

随着 19 世纪末和 20 世纪初来华传教士的回国，他们将在中国的传教经历著书立说，且凭借良好的汉语能力，逐渐被英美大学聘为汉学教授，从而构建起英美的汉学研究。同时，由于打开国门，一批批中国留学生通过各种途径到英美去留学，他们直接与高校和研究机构接触，传播中国文化，这

---

① 林金水. 福建对外交流史[M]. 福州：福建教育出版社，1997：60.
② 彭国翔. 近三十年（1980—2010）英语世界的朱子研究：概况、趋势及意义[J]. 湖南大学学报（社会科学版），2012，26（01）：34－38.
③ 赖文斌. 朱子学在英语世界的首次翻译：以《中国丛报》为中心[J]. 上海翻译，2016（03）：67－71+94.
④ 蔡慧清. 论朱子学在英语世界的最早传播与研究（上）[J]. 湖南大学学报（社会科学版），2012，26（06）：126－131.
⑤ 赖文斌，温湘频. 19 世纪朱子学在英语世界的译介考略[J]. 中国文化研究，2019（04）：160－172.

使得英美的朱子学翻译研究开始由传教士向专业学者转化,对朱子学的认识也因此而加深。与此同时,第一次世界大战给西方带来了深重的灾难,导致西方世界弥漫着深刻的文化危机意识。为了寻找新的精神寄托,他们不断地进行价值反思,并将注意力转向了中国传统思想,朱子学也因此成为他们关注的焦点。1922 年,卜道成(J. P. Bruce,1861—1934 年)借助西方神学框架系统翻译了朱子的人性哲学。这一时期跨越半个世纪,译者和研究者多为专攻中国问题的汉学家,他们借用西哲思想和概念来翻译和研究朱子学,其目的是为重释并丰富西方思想寻找参照系。特别是 20 世纪 20 年代以后,国际汉学中心逐渐移至美国,美国学者开始借助朱子学的内容研究人类思想,这方面较有代表性的学者是霍金(W. E. Hocking,1873—1966 年)和李约瑟(J. T. M. Needham,1900—1995 年)。而且,这些汉学家培养了后期的很多翻译和研究朱子学的汉学家,推动了朱子学在英语世界的发展。

(三) 20 世纪下半叶海外华人的翻译

20 世纪下半叶,朱子学在英语世界的翻译与研究蔚为大观。一批中国学者(包括台湾和香港地区)到美国访学,在美国大学完成博士论文和取得教职,促使一批美国学者也加入到了这个行列中,如陈荣捷、刘子健、刘述先、张君劢等。通过他们的影响,美国学者中的田浩、狄百瑞、白诗朗、艾周思等都完成了相关论文并进入朱子学翻译研究的行列。此外,余英时、杜维明、刘纪璐、成中英、钟彩钧、黄勇、沈清松等人也都以英文发表著述,或编著相关著作对朱子学进行译介,从一定意义上,成为朱子学英译的主要参与者和实践者。更为重要的是,陈荣捷等人的翻译为西方提供了权威的朱学研究文本,也因此开创了"以朱释朱"的朱子学英译模式。这一阶段译介的目的不再是为了西方哲学,而是为朱子学本身。以此为导向,朱子学译介开始由简单比附走向系统多元,译者大都素养深厚,选材范围不断扩展,不仅深入朱学内核,而且广涉历史、诗学、阐释等外在因素,译介成果无论在数量还是质量上都有显著提高,极大地推动了朱子学在英语世界的传播。

（四）21 世纪多元发展与翻译

21 世纪以来,冷战的结束、欧盟的进一步发展、亚洲经济的持续发展,都成为世界格局变化中的重要因素,可以说世界逐渐趋于多元化。中国经济社会发展变化让西方国家感受到了中国的实力与"压力",他们试图从更深层次去理解中国文化。因此,在朱子学的翻译与研究上,许多学者注重从全球视域出发,以世界大局来的眼光来诠释研究朱子学,产生了一系列成果。21 世纪初,韩国学者金永植的《朱熹的自然哲学》(*The Natural Philosophy of Chu Hsi*,1130—1200 年)、华裔学者秦家懿的《朱熹的宗教思想》(*Religious Thoughts of Chu Hsi*)两部英文著作问世,使得朱子研究视野发生了大的转变,从而带动了朱子学译介发展,英语世界朱子学翻译与研究的视野得到不断开拓,其选题的范围进一步扩大,具体表现在:(1)强化朱子学的哲学义涵。许多学者改变了中国先秦之后无哲学的偏见,对朱子学的哲学涵义进行了深入诠释,重新强化了朱子的哲学意义,而且他们对朱子哲学进行多方面的思考,包含金永植朱子"自然哲学"、艾周思"朱子易学"这样的鸿篇巨著。(2)重回宗教学的趋势。随着东西方哲学对话的深入,西方学者越来越将儒家思想、朱子学纳入宗教学视野进行考察。恰如有学者指出,儒家的宗教精神之所以是"极圆成"的,一个很重要的原因在于儒家在其根源性上就是"即宗教即哲学的"①。因此,越来越多的成果指向朱子的宗教思想。其中最突出、最直接的成果便是加拿大华裔学者秦家懿(Julia Ching)在 21 世纪之初的专著《朱熹的宗教思想》(*The Religions Thought of Zhu Xi*)。(3)中外合作进一步加强。随着中外文化交流的增多,中国学者留学海外、海外学者留学中国的推进,这种中外合作模式的朱子学翻译与研究在 21 世纪得到进一步加强。这种合作主要体现在两个方面:一是华裔学者通过留学后在国外大学及研究机构取得了教职,并在一定程度上负责和主导该机构的汉学或者中国哲学事务。二是中外学

---

① 李翔海. 现代新儒学论要[M]. 天津: 南开大学出版社,2010: 106 - 107.

者合作发表论文和编辑出版朱子学论著。由于中外交流的频繁,中外学者共同署名合作发表著述的情况让中外合作的形式更加深入和多样。

值得注意的是,虽然经历了 200 多年的英译,但出版发行的单行本数量非常有限。从国外译者看,主要有 1874 年麦格基(T. McClatchie)的《儒家宇宙论》(*Confucian Cosmogony: A translation of Selection Forty-nine of the Complete Works'of the Philosopher Choo-Foo-Tze*);1922 年卜道成(Joseph Percy Bruce)翻译出版的渊源御纂《朱子全书》里的 7 卷,并取名为《朱熹的人性哲学》(*The Philosophy of Human Nature*);1990 年加德纳(Daniel K. Gardner)的《学以成圣:〈朱子语类〉选译》(*Learning to be a Sage: Selections from the Conversations of Master Chu, Arranged Topically*);伊佩霞(Patricia Buckley Ebrey)1991 年翻译出版的朱熹编撰的《朱子家礼》(*Chu Hsi's Family Rituals: A Twelfth-Century Chinese manual for the performance of Cappings, Weddings, Funerals, and Ancestral Rites*);艾周思(Joseph A. Adler)2002 年朱子《易学启蒙》的翻译 *Introduction to the Study of the Classic of Change, by Chu Hsi* [*Zhu Xi*];2019 年《周易本义》的翻译(Zhu Xi. Translated and edited by Joseph A. Adler. *The Original Meaning of the Yijing Commentary on the Scripture of Change*,Columbia University Press,2019.)。艾文荷(Philip J. Ivanhoe)主编的作为牛津中国思想(Oxford Chinese Thought)系列丛书第一部的《朱子文献选译》(*Zhu Xi: Selected Writings*,2019)。最近的一部是 2022 年加德纳翻译出版的《朱熹教育观》(*Zhu Xi: Basic teachings*)。华人的译作主要有旅美朱子研究专家陈荣捷 1967 年的《近思录》(*Reflections on Things at Hand*)译本和 1986 年陈淳《北溪字义》(*Neo-Confucian Terms Explained*)译本。国内华人译者的译作出现得更晚,而且数量更少。管见之内仅有王晓农博士等英译、广西师范大学出版社 2014 年出版的"大中华文库"版《〈朱子语类〉选》和 2018 年由中国社会科学出版社出版的《〈朱子语类〉选译》两部。

第二节 朱子理气论概述及英译赏析

一、朱子理气论概述

朱熹以周敦颐所提倡的无极、太极和"二程"提出的理作为他哲学体系的基本范畴,但他同时也吸收了张载关于气的学说,认为宇宙之内有理有气:"天地之间,有理有气。理也者,形而上之道也,生物之本也。气也者,形而下之器也,生物之具也。是以人物之生,必禀此理,然后有性;必禀此气,然后有形"(《文集·答黄道夫书》)。这就是说,任何具体事物的生成,要有理,也要有气。理是一物生成的根据或本原,是"生物之本";气是一物生成的材料,是"生物之具"。这个"生物之本"是看不见的本体,朱熹将它称为"形而上"之"道"。气是构成事物的具体材料、物质,它不是万化之源,是有形象可循的,所以朱熹将它称为"形而下"之"器"。

理是朱熹哲学的出发点和终结点,但理必须借助气才能"安顿"和"挂搭"。物,既是理的体现和表象,也是理借气而派生的。朱熹说:"自下推而上去,五行只是二气,二气又只是一理;自上推而下来,只是此一个理,万物分之以为体,万物之中,又各具一理。所谓'乾道变化,各正性命',然总又只是一个理"(《朱子语类》卷九十四)从"上推下来",理—气—物,或从"下推上去"。物—气—理。朱熹将理的全体称为太极:"总天地万物之理,便是太极"(《朱子语类》卷九四)。理一分殊,也可以说是万物统一于一太极,物物各具一太极。同时,太极又可以说是最根本的理,所以说"太极之义,正谓理之极至耳"(《文集·答程可久》)。

在理和气的关系上,朱熹特别强调二者的主次之别,"有理而后有气,虽是一时都有,毕竟以理为主"。理制约、决定着气。理气也有先后问题,他说,必欲推其所从来,则应该说理在先,气在后。"太极生阴阳,理生气也。""气虽是理之所生",但一旦被派生出来,便有一定的独立性,"理管他不得"。理生出气而寓于气中,并借助气而生万物。"天地初间,只是阴阳之气。这一个气运行,磨来磨去,磨得急了,便拶出许多渣滓,里面无处出,便结成个地在中央。气之清者,便为天、为日月、为星辰。只在外常周环运转,地便只在中央不动,不是在下。"(《朱子语类》卷一)。气之轻清者为天,重浊者为地,精英者为人,渣滓者为物。从宇宙构成论看,理与气相依生物。从本体论看,则是"天下之物,皆实理之所为"。

二、朱子理气论英译赏析

(一) 早期传教士对理气的翻译

自从传教士进入中国传教以来,他们就可以将朱子理学思想与西方教义进行格义,试图从中找到相关的话语来进行阐释,以方便他们传教。他们对朱子理气的翻译多在他们的一些教义、书信及文章中,而最早以单行本译著并出版朱子学作品的译者为英国圣公会传教士麦格基(T. McClatchie, 1813—1885 年)。他于 1874 年将《朱子全书》第 49 卷进行翻译,并取名为《儒家宇宙论》(*Confucian Cosmogony: A translation of Selection Forty-nine of the Complete Works' of the Philosopher Choo-Foo-Tze*)。他对朱子理气的翻译如下:

1. 将"理"译为"Fate"。

麦格基使用最多的译法是将"理"与"Fate"直接对译,达到 170 余处,这实际构成了整个译本"理"字翻译的主体。这里略举几例:

天下未有无理之气。亦未有无气之理。

In the whole Universe there is no such thing as Air without Fate, or Fate without Air.

金木水火土。虽曰五行各一其性。然一物又各具五行之理。不可不知。

Although Metal, Wood, Water, Fire, and Earth are called the Five Elements, each having its own Nature; yet, each has the Fate of the Five Elements (i.e. as one Air) inherent in it. We should not be ignorant of this.

可见,麦格基直接将"理"英译为"Fate",将气译为"Air"。麦格基选择译成"Fate",与当时的语境相关,一方面"Fate"这个词在欧洲神学里确实有表示宇宙自然秩序(a fixed natural order to the universe)的意思,表示不可避免的(as ordered or "inevitable" and unavoidable),麦格基本人在译本导言里也明确指出"中国哲学家与西方在神的概念上没有区别(no exception to this rule)"。另一方面,麦格基正处于一个译名之争的环境,他坚持以"至神"对译"God",想要为传教做宣传,需要别人接受他的观点,因此,他在注解里又说,选用"Fate"这个词是因为"朱熹在别的地方曾经明确告诉过我们,Fate就是神(Choo-tsze himself informs us elsewhere, Fate is God)。"并且对"God"还加了汉字"神"来明确。事实上,无论是对朱熹的宇宙观,还是对"理"本身而言,与西方的概念是完全不一样的。

2. 将"理"译为"doctrine"。

除了译为"Fate"外,麦格基将"理"译得较多的是"doctrine",共有 6 处。"Doctrine"一词虽然有"法律原则"的意思,但更多地倾向于宗教里的"教义""教条"。

又以动之端言之。其理亦已明矣。

If referred to the commencement of Motion, this doctrine is clear.

阴阳五行之理。须常看得在目前。

The doctrine of the Light and Darkness, and the Five Elements, must always be made the subject of ocular demonstration.

两句中的"理"皆是指自然界事物发展之"规律",是说天地间万事万物都有其自身存在的道理和规律。因此,把它译成"doctrine"就显然把"理"的意思狭隘化了。此外,他还有将"理"译为"nature""unity"等。

值得肯定的是,麦格基注意到了"理"的含义的多样性。他在译本中对每一种"理"都采取了多种不同的译法,然而,由于其传教士的身份及为了传教的目的,他没有深入诠释"理"的含义。而且,译本中由词及意均显得仓促与不足,缺乏对朱子理学的切实领会。

(二) 新世纪以来对理气的翻译

自传教士后,由于汉学家和华裔学者的阐释,理气也产生了不同的译法,如"理"被译为"reason""law""principle"等,但是每一种译法都会有不同的声音。直到陈荣捷在《中国哲学资料书》中将其译为"principle（Li）"后,在很长一段时间内,中外学者都以此为依据。进入 21 世纪以后,随着对朱子学诠释的方法和路径变化,"理"的诠释和翻译也变得多样,下面将以此为中心,阐述关于"理"的新译名,从中管窥西方对朱子学的理解与接受。

1. 使用"pattern"译"理"。

英国汉学家葛瑞汉（Graham A. C.）考察了程朱学派与其他学派的内容后,指出通常译的"principle"在理解朱子将"理"指代"感应"（stimulated and responding）时会有困难。因此,他认为根据朱子的思想,"理"具有道、天、性三方面的一身,以及多种词汇表达,从而对"理"的翻译都改用"pattern",觉得这个词更能包含"理"的各方面内容。这个译法的提出得到了一批学者的认同,尤其是进入 21 世纪以后。

圣人言语,皆天理自然,本坦易明白在那里。只被人不虚心去看,只管外面捉摸。及看不得,便将自己身上一般意思说出,把做圣人意思。

All the words and conversations of the sages are the patterns of heaven, just the way they are（ziran）. They have always been straightforward and easy, set out there clearly. It is just that people have failed to empty their minds to look at them and have merely been concerned with clutching at externals. Failing to see the sages's meaning, they resort to their own ordinary meaning to explain it, regarding it as the meaning of the sages.

这是澳大利亚汉学家梅约翰（John Makeham）对《朱子语类》的翻译,他基本采取直译的形式,但是对"理"都选用了"pattern",并且适时地加上了复数形式。

2. 作为 coherence 的理。

"coherence"有一致性的意思,强调的是逻辑、顺序上排列在一起,但是它也可以"是现代认识论中的哲学理论,是一种将真理置于某种特殊语境、假设、信仰中的理论。"这种哲学理论最早由美国汉学家裴德森（Peterson, Willard J.）用于翻译朱子学的"理"。裴德森认为"coherence"这个词很显然具有规则、秩序和相互交错的意思,不单独存在,因此希望这个词可以表达程朱的意思以及消除那些非议,更重要的是,使用"coherence"翻译"理"的一个好处是,这个能包括所有,不管是指一个,一类的所有,还是整个一类。

集大成也者,金声而玉振之也。金声也者,始条理也;玉振之也者,终条理也。始条理者,智之事也;终条理者,圣之事也。

The great symphony means that the metal chimes and the jade responds. The metal chime is the stripelike-orderly coherence (条理 tiaoli) of the beginning of the piece. The response of the jade is the stripe like-orderly coherence of the end of the piece. The orderly coherence of the beginning is a matter of wisdom, while the orderly coherence of the end is a matter of sagehood.

这是任博克(Ziporyn,Brook)继承和发扬了裴德森对"理"的翻译,采取"coherence"来译"理",用于体现出朱子原意。

3. 使用"pattern-principle"译"理"。

2019 年,最新的一部朱子学单行本译著——《朱子文献选译》(*Zhu Xi: Selected Writings*),由韩国成均馆大学(Sungkyunkwan University)儒家和东方哲学学院教授艾文贺(Philip J. Ivanhoe)主编完成,成为牛津中国思想系列的第一部。该译本也是英语世界对"理"的最新诠释,体现了"理"的最新译名。在这部新的朱子学译著中,艾文贺提出了"理"的全新译法,即"pattern-principle"。

命,犹令也。性,即理也。天以阴阳五行化生万物,气以成形,而理亦赋焉,犹命令也。

"Mandate (ming 命)" is similar to order (ling 令). "The nature (xing 性)" is pattern-principle (li 理). Heaven, through transformation of yin and yang and the five activities, engenders the myriad things: qi completes their form and pattern-principle is indeed endowed therein.

或问:"必有是理,然后有是气,如何?"曰:"此本无先后之可言。然必欲推其所从来,则须说先有是理。然理又非别为一物,即存乎是气之中……"

It was asked, "Is it the case that first there was pattern-principle, and then afterwards there was qi?"

Zhu Xi replied, "Pattern-principle and qi cannot, fundamentally, be spoken of in terms of before and after. But when we proceed to make inferences [about things], then it would seem that first there is pattern-principle and then afterwards there is qi… ."

艾文贺采取了一种全新的连字符的译法,创立了一个新词,将几个可以表示"理"的词都包括进来。这种带有连字符的"理"的诠释和翻译方法可以在一定程度上为多面的"理"提供一种解决思路和办法,毕竟英语中更没有哪一个词能够完全诠释朱子理的丰富含义,就连朱子学本身"Neo-Confucianism"也是使用连字符。当然,这种译"理"的方法也不是新的创举,早在 20 世纪七八十年代,华裔学者成中英就曾建议将"理"译为"well-placedness"。

同时,围绕着"气"进行各自的诠释,也产生了诸多译法,理雅各(James Legge)将其译为"passion-nature",陈荣捷将其译为"material force",黄秀玑将其译为"vital force",唐君毅将其译为"ether"。此外,李约瑟(Joseph Needham)将其译为"matter energy",亨德森(John Henderson)将其译为"pneuma",包弼德(Peter Bol)等人将其译为"psycho-physical force",而墨子刻(Thomas Metzger)将其译为"ether of materialization"。基于"气"的多重含义,葛艾儒则直接使用汉语拼音,但是根据不同的地方使用了(Ch'i, chi, and qi)三种形式等。

(三) 中华思想文化术语中的理气翻译

为做好中华思想文化术语的整理和传播工作,经国务院批准,建立了由教育部、国家语委作为召集单位,中央编译局、中国外文局、外交部、民政部、文化部、新闻出版广电总局、国务院新闻办、新华社、中国科学院、中国社会科学院等多个部委(单位)为成员的部际联席会议机制,负责统筹协调中华思想文化术语传播工作。其中遴选了一批凝聚、浓缩了中华哲学思想、人文精神、思维方式、价值观念,以词或短语形式固化的概念和文化核心词。它们既是当代中国人理解中国古代哲学思想、人文精神、思维方式、价值观念之变化乃至文学艺术、历史等各领域发展的核心关键,也是世界其他国家和民族了解当代中国、中华民族和海外华人之精神世界的钥匙。该术语库聘请权威专家成立顾问组、专家委员会、学术委员会,制定中华思想文化术语遴选、释义、翻译规则并开展相关工作,同时特邀知名汉学家参与英译文审稿工作。其对"理""气"的阐释与翻译如下:

1. 关于"理"。

理,本意指玉石的纹理,引申而有三重含义:其一,指具体事物的样式或性质,如长短、大小、方圆、坚脆、轻重、白黑等物理属性;其二,指万事万物所遵循的普遍法则;其三,指事物的本原或本体。后两种含义与"道"相近。宋明时期的学者特别注重对理的阐发,以理为最高范畴,因此宋明时期占主导地位的学术体系被称为"理学"。

译文:The original meaning of li (理) was the texture of jade; later it was extended to contain three meanings: (1) the physical forms or proprieties of things, such as length, size, shape, tensile strength, weight, and color; (2) the universal laws followed by all things and beings; and (3) the original source or ontological existence of things. The last two meanings are similar to those of Dao. Scholars of the Song and Ming dynasties were particularly interested in describing and explaining the philosophy known as li (理), and considered it as the highest realm, giving rise to the School of Principle which dominated academic thought in the period from the Song to the Ming dynasties.

物无妄然,必由其理。(王弼《周易略例》):事情没有随意而为的,必然会因循其理。

Nothing happens at random; each follows its own li (laws). (Wang Bi: A Brief Exposition of The Book of Changes)

有物必有则,一物须有一理。(《二程遗书》卷十八):每一事物的存在必有其法则,但所有事物都须有万物皆同的理。

Everything exists according to its objective law but all things must follow the common li (law). (Writings of the Cheng Brothers)

从上面例子和翻译可以看出,术语库中对"理"的翻译没有一个固定的译文,前面字义的解释采用了拼音加汉字的形式,对"理学"采取了"School of Principle"的译法,但后面的例句中又都用"law"来解释。

2. 关于"气"。

气,独立于主观意识之外的物质实体,是构成一切有形之物的原始物质材料,同时也是生命和精神得以发生和存在的基础。此外,某些思想家还为气赋予了道德属性。气没有具体的形状,永远处于运动变化之中。气的凝聚意味着事物的生成。气的消散则事物即消亡。气贯通于所有有形之物的内外。哲学意义上的气与常识性的气体概念不同,气体指各种非液体、非固体的存在;而从哲学层面来看,液体、固体既是有形之物,其生成存在也是气凝聚的结果。

Qi (vital force) has a material existence independent of subjective consciousness and is the basic element of all physical beings. It is also the basis for the birth and existence of life and spirit. In addition, some thinkers given a moral attribute to qi. Qi is in constant motion and change, and has no specific shape. Its concentration gives birth to a thing and its signals the end of that thing. Qi permeates all physical being and their surroundings Qi, as a philosophical concept, is different from what is commonly understood by the word qi (气), namely, air. Although things in liquid or solid form are different from things in air form, from the perspective of the Chinese philosophy, their formation and existence are the result of the concentration of qi.

通天下一气耳(《庄子·知北游》):贯通天下万物的就是一个"气"罢了。

It is qi that permeates everything under heaven. (Zhuangzi)

元地合气,万物自生。(王充《论衡·自然》)天地之气相互交合,万物自然而生。

The convergence of qi of heaven and that of earth gives life to all things. (Wang Chong: A Comparative Study of Different Schools of Learning)

按朱子的观点,气是物质的,因此,在其理气论中,气是唯物主义的表现。这在英文中确实难以找到一个合适的词来对应。术语库除了第一个气用了"vital force"来解释外,其他全部用拼音进行。遗憾的是,这些拼音没有配上对应的汉字。

第三节　朱子教育思想英译赏析

一、朱子教育观概况

朱熹的教育思想在他的完整理论体系中是一个举足轻重的组成部分,并贯穿于他整个的学术活动之中,身体力行。他重建了白鹿洞书院,并参与讲课和制订了一整套学规,使之成为中国最早的高等学府之一,闻名天下。

朱熹教育思想中最值得关注的,一是论述"小学"和"大学"教育,二是"朱子读书法"。他认为8~15岁为小学教育阶段,其任务是"圣贤坯璞""学其事"。以《须知》《学规》的形式培养儿童道德伦理、行为习惯和初步的知识技能。与重在"教事"的小学教育不同,大学教育重点是"教理",即重在探究"事物之所以然"。对于大学的教育方法,一是重视自学,二是提倡不同学术观点之间的相互交流。为此,他亲自编撰《小学》,并不停地注疏《大学》,使之成为宋代以来教育体系中最为重要的两部著作。

朱熹是我国第一个系统研究读书理论和读书方法的人。他把"格物致知,读书穷理"和"为学之实,固在践履"作为读书的基本原则,并总结出一系列著名的读书方法,他的学生辅汉卿等把这些方法概括为"朱子读书法"。朱熹读书方法论的精义是:循序渐进、熟读精思、虚心涵泳、切己体察、着紧用力、居敬持志。"循序渐进"是指读书要按照一定的次序,有系统、有计划地进行,读书量力而行,打好基础,逐渐深入。"熟读精思"强调读书要从反复诵读入手,做到学与思结合,力求透彻理解与领悟,牢固记忆与掌握。"虚心涵泳"是指读书时要反复咀嚼,细心玩味。"切己体察"强调读书必须要见之于身体力行。"着紧用力"有两种含义,一是读书必须抓紧时间,发愤忘食,反对悠悠然;二是必须精神抖擞,勇猛奋发,反对松松垮垮。"居敬持志"中的"居敬",强调读书时精神专注,注意力高度集中。"持志"

就是要树立远大志向,并以顽强的毅力长期坚守。

二、朱子教育思想英译赏析

原文 1:小学是事,如事君,事父,事兄,处友等事,只是教他依此规矩做去。大学是发明此事之理。

译文:Lesser learning is the study of affairs-such as serving ones ruler, serving one's father, serving ones brother, and dealing with one's friends. It teaches one to behave according to certain rules. Greater learning illuminates the principle behind these affairs.(加德纳)

本句是朱熹对小学、大学学习目的的说明,加德纳很好地处理了对事君、事父、事兄和处友的翻译,清晰地说明了其中的关系,并且处置得当,与汉语的节奏也符合。

原文 2:又曰:"古人小学教之以事,便自养得他心,不知不觉自好了。"

译文:Chu also said: "The lesser learning of the ancients instructed people in affairs and thereby nurtured their minds naturally, without even being aware of it they became good."(加德纳)

本句是对小学目的的进一步解释,译者对原文做了一点儿小的改动,将小学做主语,体现出其主题,方便读者阅读。

原文 3:陆子寿言:"古者教小子弟,自能言能食,即有教,以至洒扫应对之类,皆有所习,故长大则易语。今人自小即教做对,稍大即教作虚诞之文,皆坏其性质。某当思欲做一小学规,使人自小教之便有法,如此亦须有益。"先生曰:"只做禅苑清规样做,亦自好。"

译文:Lu Tzu-shou said: "In antiquity young children were taught as soon as they were able to talk and eat. What they studied included cleaning and sweeping and polite conversation. Thus when they grew up, they could easily discuss matters [with others and learn from them]. Nowadays, beginning in their early youth, people are taught to compose couplets. As they get somewhat older they are taught to compose showy prose. Both these practices spoil their originally good natures. I have thought about developing a set of regulations for lesser learning so that beginning in their early youth people might be educated according to a plan. This would surely be of some benefit." The Master said: "Just design something in the style of the Chan-yuan Code [Chan-yuan Ching-kuei]. That would do."（加德纳）

本句也是对小学内容的具体阐述,译者对"应对"之类具体化译为"polite conversation",很好地说明了小学的学习内容,并与后面的"易语"又进行了对照;而对"虚诞之文"用"showy prose"表示,体现了英汉语两者同义的效果。同时,在译者注释中对禅苑清规的起源、版本、内容都进行了详细的说明,体现了译者认真的态度和对朱子思想的掌握。

原文 4:今人不会读书。如"诵《诗》三百,授之以政,不达。使于四方,不能专对,虽多亦奚以为?"须是未读诗时,不达于政,不能专对。既读诗后,便达于政,能专对四方,始是读诗。"人而不为《周南》《召南》,其犹正墙面。"须是未读诗时如面墙。到读了后便不面墙。方是有验。/大抵读书只此便是法。如读《论语》,旧时未读,是这个人。及读了,后来又只是这个人,便是不曾读也。(《近思录》"致知篇"第 30 条)

译文:People today do not know how to study books. Take the passage, "Though a man may be able to recite the three hundred odes, yet if, when he is given a governmental position, he does not know how to act, or if, when he is sent on missions to various states, he cannot give his own answers, although he has read much, what is the use?" Although before one has studied the Book of Odes, he does not know how to act in the government and cannot give his own answers, after he has studied the book, he understands how to act in the government and can give his own answers in various states. Only then can we say that he knows how to study the Book of Odes. Or take the passage, "One who has not studied the 'Chou–nan' and the 'Shao-nan' is like one who stands with his face right against the wall." Before one has studied the Book of Odes, he is like a person facing the wall, but after he has studied the book, he will not be facing the wall. Only in this way will his study be successful.

Generally speaking, this is the only method of studying books. Suppose one studies the Analects. If, after having studied it, one is still the same person as before, he has not really studied it. (陈荣捷译)

这是《近思录》的一条语录,其主题是如何才算真正会读书。整条语录形式上虽仅以一段呈现,语义上却由两部分构成:前半部分引用《论语》中的两句阐明真正会读书与不会读书的根本区别,后半部分则对前半部分进行总结,强调读书的目的在于笃行和实践,而不只是口耳之事。陈荣捷充分理解了其逻辑结构,并依此将原文一段拆成论证和总结两段,使译文层次清晰,更加符合译文读者的阅读习惯。同时他还在第一段增加了"Take the passage"和"Or take the passage"等词语将两例连接起来,使译文结构清晰,衔接自然。陈荣捷通过这样频繁调节语录结构,并对语录内容进行梳理和分层,不仅再现了语录体篇幅短小的特点,也在一定程度上降低了阅读难度。

第四节　翻 译 练 习

一、原文

《朱子语类》(节选)

天地初间只是阴阳之气。这一个气运行,磨来磨去,磨得急了,便拶许多渣滓;里面无处出,便结成个地在中央。气之清者便为天,为日月,为星辰,只在外,常周环运转。地便只在中央不动,不是在下。(淳)

清刚者为天,重浊者为地。(道夫)

读书,小作课程,大施功力。如会读得二百字,只读得一百字,却于百字中猛施工夫,理会子细,读诵教熟。如此,不会记性人自记得,无识性人亦理会得若泛泛然念多,只是皆无益耳。读书,不可以兼看未读者,却当兼看已读者。(璘)

读书不可贪多,且要精熟。如今日看得一板,且看半板,将那精力来更

看前半板,两边如此,方看得热。直须看得古人意思出,方好。(洽)

读书不可贪多,常使自家力量有余。正淳云:"欲将诸书循环看。"曰:不可如此,须看得一书彻了,方再看一书。若杂然并进,却反为所困。如射弓,有五斗力,且用四斗马,便可拽满,已力欺得他过。今举者不忖自己力量去观书,恐自家照管他不过。(嘗)

二、注释

(1)前面两段记录的是关于朱子理气生成的观点,也是他基本的宇宙生成论,表明了朱熹对理气的基本观点,即理有其固有的倾向,这固有的倾向又必然有其气质层面的表现。理的气质层面的表现就是气。太极是实有的生生之理。一切根源于太极生生之理的东西,有始必有终。始就是阳,有动的意思;终就是阴,有静的意思。动静互涵,阴中涵阳、阳中涵阴而成水、火。所以,天地间最初只有水、火二气。二气流行,这样就产生了整个宇宙。

(2)后面三段记录的是朱子读书法的观点,也是朱熹的读书体悟,表明了朱熹对读书内容的态度和观点,即读书泛观博取,不如精于一,强调了在读的内容中下功夫,不可以贪多,而且要根据自己的实际情况来定,且不可过于用力,否则可能事倍功半,适得其反。

三、翻译提示

朱子学义理奥涩,要把如此深奥的中国哲学译介到英语世界,让译文读者理解并接受,确实不是一件易事。当前,我们生活在一个全球化和多元化的时代,同一"命运共同体"中不同文化的存在相互构成了"多元他者"(many others),中国儒家哲学更具有"多元他者"的含义。当我们加强与不同文化对话,将中国哲学面向世界进行翻译"外推"时,需要注重译者的身份和角色,需要紧贴原作,结合经典注疏进行合理的诠释,中国哲学典籍文本的隐喻多,喜欢用叙事方式,仅朱子学的一个"理"就包罗万象。在认识到多义的基础上,译者更需要耐心地解释,选择好词句,确保实现中国哲学从"语言"到"本体"的真正"走出去"。《朱子语类》作为一种语录体的典籍,在翻译过程中可以通过切分语录结构、仿用直接引语、套译简短句式、精译儒家概念、仿译通俗用词等微观策略,根据文段的内容和语境,灵活选择直译、意译等方法,尽量使译文准确简洁,在正文中不做过多解释,但适时辅以脚注或术语表,以帮助译文读者更好地理解。

第十章
阳明学的翻译

第一节　阳明学简介及英译概述

阳明学,又称为阳明心学,是明代哲学家王阳明创立的一种哲学思想体系,属于宋明理学的流派之一。这是王阳明在继承和发扬宋明理学的基础上,形成的独具特色的思想体系。阳明学不仅是一种哲学思想,也具有强烈的人文关怀和实践导向,在中国哲学史上具有重要地位,影响了后世的思想和文化,也传播到西方世界。

一、王阳明与阳明学

（一）王阳明

王阳明(1472—1529年),名守仁,字伯安,号阳明,浙江余姚人。明代著名的哲学家、军事家、教育家,世称阳明先生、王文成公。王阳明精通儒、释、道三家之说,继承前人思想,提出"心学"概念。王阳明的一生跌宕起伏,充满了传奇色彩。

王阳明少年时期聪悟好学,青年时期满怀抱负,中年时期坎坷不平,晚年时期老当益壮。他从小就表现出过人的才智,12岁便能吟诗作对,青年时期更是才华横溢,涉猎广泛。他在科举考试中屡屡失利,但这并没有阻止他追求真理的脚步。弘治十二年(1499年)考取进士,先后就任刑部主事和兵部主事。随后,因得罪权宦刘瑾,被贬贵州龙场。他在这段时间里深入研究儒、道、佛三家学说,逐渐形成了自己的思想体系。刘瑾死后,王阳明先后就任庐陵知县、南京刑部主事、南京鸿胪寺卿等职。正德十一年(1516 年),授右佥都御史,巡抚南康、赣州。在此期间,王阳明指挥平定当地的叛乱和宁王朱宸濠的叛乱。后又受命讨伐思恩、田州土著,不久即平。期间,王阳明收徒讲学、创办书院、戎马倥偬、平定叛乱,是中国历史上罕见的成就立德、立言、立功三不朽的大家。江西是王阳明建功立业的基地,江右诸贤黄宗羲说"阳明一生精神,俱在江右"。不仅如此,绝大多数江西的王阳明亲传弟子热衷于阳明学的理论研究和社会传播,不仅自己追随王阳明,更使阳明学在江西世代相传,使得阳明精神广泛深入人心,妇孺皆知①。

(二) 阳明学

王阳明早年专攻程朱理学,但没有大收获。贬官贵州期间,王阳明开始悟道,继承了宋代大儒陆九渊的"心学",以为"格物致知,当自求诸心,不当求诸事物",故后世有"陆王心学"之称。朱熹认为"致知"须从外在的物中寻求,而王阳明则主张从个人内心去体认,实际上是对朱熹学说的一种修正。王阳明认为人的心中固有一种"良知",而此"良知"即是"天理"。由此,人们追求天理的"致知"活动就转化为了"致良知"。

王阳明认为,宇宙间的一切事物都包含着"理",这个"理"就是天理,是世界的本原。他主张"知行合一",认为知识和行动是密不可分的。人们只有通过实践,才能真正地认识世界、理解真理。这一观点突破了当时程朱理学的束缚,强调道德修养与实际行动相结合,具有鲜明的时代特征。在政治上,王阳明主张"仁政",强调君主应以仁爱为本,关心民生,选拔贤能,整顿吏治。他认为,国家的兴衰取决于君主的品德和才能。在军事上,王阳明主张"以静制动",强调心理战和谋略,他认为战争的最高境界是"不战而屈人之兵"。在他的指挥下,明朝军队多次平定了内乱和外患,显示出他卓越的

---

① 方志远,李伏明. 治事阳明:一身精神在江右[M]. 南昌:江西教育出版社,2020:273.

军事才能。在教育上，王阳明主张"因材施教"，强调教育要顺应学生的天性，发掘他们的潜能。他认为，教育的目的不仅仅是传授知识，更重要的是培养学生的品德和才能。他的教育理念对后世产生了深远的影响，被誉为"教育圣人"。

阳明学对中国传统文化和思想产生了深远的影响。在明清之际，阳明学逐渐成为官方哲学，影响了无数的知识分子。直到今天，阳明学仍然具有强烈的现实意义。它提倡的"知行合一"理念，强调实际行动和道德修养相结合，对培养现代公民具有积极的启示作用。同时，阳明学强调人的主观能动性，鼓励人们积极面对生活，追求真理，对塑造积极向上的人生态度具有重要的指导意义。

总之，王阳明是中国历史上一位杰出的思想家、教育家、军事家，他的阳明学是中国传统文化和思想的重要组成部分。在21世纪的今天，研究和传承阳明学，对弘扬中华优秀传统文化、培养现代公民具有重要的现实意义。

二、阳明学的主要内容

阳明学，又称心学，是明代哲学家王阳明所创立的哲学思想体系。阳明学强调个人的道德自觉和实践能力，认为每个人都应当通过修身、齐家、治国、平天下的过程来实现自我完善和社会和谐。这一思想体系对后世产生了深远的影响，不仅在学术界产生了多个流派，而且在政治、教育、文化等多个领域都有所体现。它主要包含以下几个核心内容：

（1）心即理：王阳明认为，宇宙的道理（理）不在外部世界，而是在人的心中。他说："夫物理不外于吾心，外吾心而求物理，无物理矣。遗物理而求吾心，吾心又何物耶？心之体，性也，性即理也。"（《传习录中·答顾东桥书》）他提出"心外无物，心外无事，心外无理，心外无义"，强调一切道德和真理都源自内心，认为"故有孝亲之心，即有孝之理，无孝亲之心，即无孝之理矣。有忠君之心，即有忠之理，无忠君之心，即无忠之理矣。理岂外于吾心耶？晦庵谓人之所以为学者，心与理而已。心虽主乎一身，而实管乎天下之理；理虽散于万事，而实不外乎一人之心。"（《传习录中·答顾东桥书》）

这一观念与传统儒家思想中的"格物致知"相对立,传统儒家思想认为知识是通过观察外部世界来获得的。

（2）知行合一:王阳明强调知识和行动的不可分割性,强调道德修养与实际行动相结合,指出"知是行之始,行是知之成"。他认为,真正的知识必须体现在行动中,而行动也应当基于正确的知识。他的一位学生对他说:"今人尽有知得父当孝,兄当弟者,却不能孝,不能弟,知行分明是两件。"他回答说:"此已被私欲间断,不是知行本体。未有知而不行者,知而不行,只是未知。"(《传习录上·徐爱录》)知行不合一意味着知识没有得到真正地理解和实践,这一理念对后世强调实践和行动的哲学思想产生了深远的影响。

（3）致良知:王阳明认为每个人都有内在的良知,这是人与生俱来的道德判断力。他说:"夫良知之于节目时变,犹规矩尺度之于方圆长短也。节目时变之不可预定,犹方圆长短之不可胜穷也。故规矩诚立,则不可欺以方圆,而天下之方圆不可胜用矣。尺度诚陈,则不可欺以长短,而天下之长短不可胜用矣。良知诚致,则不可欺以节目时变,而天下之节目时变不可胜应矣。"(《传习录中·答顾东桥书》)他主张通过内省和修身来发现和强化良知,使人能够在面对道德选择时做出正确的判断。他的一名学生问他人如何获得这种知。他回答说:"尔那一点良知,是尔自家底准则。尔意念着处,他是便知是,非便知非,更瞒他一些不得,尔只不要欺他,实实落落依着他做去。"(《传习录下·九川庚辰再问》)致良知是阳明学中实现道德自觉的关键步骤,他认为每个人都有内在于人性中的知,但这种知必须要加以形构才能实现。

此外,王阳明非常重视教育,他认为教育的目的不仅是传授知识,更重要的是启发学生的良知和道德自觉。他提倡因材施教,反对死记硬背,强调教育应该注重培养学生的品德和实践能力。同时,王阳明提倡静坐冥想,认为通过静坐可以使人的心灵得到净化,从而更好地认识自己内心的良知。他也强调省察克治,即通过自我反省来发现并克服内心的私欲和缺点。他主张君子应当以道德的力量来治理国家,而不是仅仅依赖法律和刑罚。

阳明学这些主要思想和内容主要体现在他的著作和文献中,主要包括

《传习录》《大学古本》《大学问》《朱子晚年定论》《居夷集》《王文成公全书》(又名《阳明全书》)等。

三、阳明学英译概述

阳明学,作为中国传统文化的重要组成部分,尤其是王阳明的心学思想,自 16 世纪初便开始在日本、韩国等东亚儒家文化圈中传播,产生了较大的学术影响并形成了独具特色的日本阳明学、韩国阳明学。后来,随着传教士的进入,也逐渐传播和影响了西方世界。

自 18 世纪甚至更早以来,王阳明就开始受到欧洲和北美各界的关注。真正的接触和了解主要是在 19 世纪末至 20 世纪初开始的,是通过传教士和对中国文化感兴趣的学者的翻译工作。这些早期的翻译往往是片段性的,侧重于王阳明教学的某些方面,而不是对其哲学的全面理解。20 世纪,随着比较哲学的兴起和中文文献的日益可得,对王阳明作品的更完整和准确的翻译开始出现。1916 年,美国传教士弗雷德里克·亨克(Frederick Goodrich Henke)首次将《传习录》翻译成英文,标志着阳明学在英语世界的正式传播。亨克的翻译工作是阳明学西传的重要里程碑。他的译作《王阳明哲学》(*The Philosophy of Wang Yang-ming*)不仅为西方学者提供了了解阳明学的窗口,也激发了后续的学术研究。亨克的翻译尽管存在一些争议,比如对某些核心概念的理解和翻译可能不够准确,但他的努力无疑为阳明学在西方的传播奠定了基础。此后,阳明学研究在西方逐渐兴起,尤其是在美国,形成了一批专注于阳明学译介与传播的学者群体。

继亨克之后,20 世纪中叶,美籍华裔学者陈荣捷(Wing-tsit Chan)和秦家懿(Julia Ching)等人继续推动阳明学的翻译和研究。陈荣捷的《传习录》全译本(*Instructions for Practical Living and Other Neo-Confucian Writings*)于 1963 年出版,为译文读者提供了更为全面和深入的阳明学资料。秦家懿则专注于王阳明的哲学书信,其节译本(*The Philosophical Letters of Wang Yang-ming*)于 1972 年出版,为理解王阳明的哲学思想提供了新的视角。自 20 世纪下半叶以来,阳明学在美国的学术研究逐渐繁荣。随着时间的推移,王阳明哲学的翻译和解释不断发展,这不仅反映了对其教导理解的变化,也反映了英语世界文化和知识背景的变化。学者们不仅关注阳明学的哲学思想,还探讨了其与西方哲学的比较、阳明学在东亚的影响,以及阳明学在现代社会的应用等多个方面,例如杜维明(Tu Weiming)和狄百瑞(William Theodore de Bary)等学者的研究深化了西方对阳明学的认识。

　　当代欧美汉学界、哲学界也有不少专业学者从事阳明学文献的英译与阳明学著作理论的阐释研究,并有一定数量的阳明学研究成果。这些成果呈现出跨学科、多角度的特点,涉及哲学、伦理学、心理学等领域。与此同时,学者们将王阳明的哲学思想与中外不同的哲学思想进行比较,如与存在主义、现象学、伦理学等的对比。遗憾的是,虽有百年译史,迄今仅产生了两个《传习录》英译本,目前没有更多的阳明学单行译本出版发行。只有一些选译本,如戴遂良 1930 年编辑的《哲学论稿:儒家、道家、佛教》的第十六章"王阳明",选译了王阳明的书信、诗歌和《传习录》;艾文贺(Philip J. Ivanhoe)2009 年的《陆王新儒学读本》选译了《王文成公全书》,包括徐爱写的《传习录》中的《徐爱引言》《徐爱录》以及《徐爱跋》《大学问》《龙场传授》和 13 首诗歌等。王阳明的思想在英语世界的传播和翻译,不仅是中西文化交流的一部分,也是对人类道德和认知问题探索的宝贵贡献。

第二节　作品简介及英译赏析

一、作品简介

　　《传习录》由王阳明弟子徐爱、陆澄等多人先后辑录并最终汇编而成,传世多为三卷本,采用宋代以来较为流行的语录体形式,收录了王阳明与其弟子师友间讨论问学、辨析学理的语录及书信等,内容涵盖阳明学派的主要思想,是后世学习、研讨阳明心学的必读入门之作,广受重视。

　　《传习录》集中体现了阳明心学"致良知"与"知行合一"等核心思想。承载阳明学主要思想的《传习录》是王阳明以心学对先秦儒学经典的诠释,且自成体系。故自明代成书以来,《传习录》长期备受关注,研究成果丰富,《传习录》注解本及相关研究著作数以百计,阳明学及《传习录》研究论文数以千计。哲学家、国学大师梁漱溟对《传习录》评价甚高,曾对求学中的贺麟说:"只有王阳明的《传习录》与王心斋的书可读,别的都可不念。"钱穆则将《传习录》与《论语》《孟子》《老子》《庄子》《六祖坛经》和《近思录》一起列为我国有关修养人士必读书目。

二、作品英译赏析

(一) 书名的英译

"传习"一词出自《论语·学而第一》第四章中孔子学生曾子的"传不习乎"一语。目前,据统计,"传习录"的英译共有八种,具体如下:

① Instructions for Practical Life(亨克)

② Instructions for Practical Living(陈荣捷)

③ Collected Lessons of the Master(王昌祉)

④ Record of Instruction(卜德)

⑤ Records of Instructions and Practices(张君劢)

⑥ Record of Instructions for Moral Cultivation(施友忠)

⑦ Record of Transmission and Practice(倪德卫)

⑧ A Record for Practice (Chuanxilu)(艾文贺)

可以将上面八种译文分为两类,一类是将原文中的"录"对应译出,对应为"record"。这类做法是后期的英译。一类是舍去"录",直接译出其主要内容,这类做法是早期的英译,如亨克和陈荣捷。而且亨克的"Instructions for Practical Life"与陈荣捷的"Instructions for Practical Living"译文比较相似,只有"life"与"living"的差别。"life"通常翻译为"生活",重精神,偏向于形而上的,而"living"是重物质,意为生存、生计,偏向于形而下的。其中,王昌祉的"Collected Lessons of the Master"中的"Collected"把"录"暗译了出来,表示是学生们收集整理的,只是这里的"the Master"指向不明确,容易与传统意义上的孔子混淆。其他译为 record 都表述原文的体裁,只是侧重点稍有不同,其中张君劢和倪德卫注意到传和习的独立性,可以说比较契合原文意思;施友忠更偏重与王阳明的道德教化,有些缩小了;艾文贺采取"英译+音译"形式,后面加了拼音,更符合现代典籍的英译方式,只是仅用了 practice 一词,内容也缩小了。

(二)"心即理"与"道心"的英译

原文1:先生曰:"心即理也。天下又有心外之事,心外之理乎?"

译文1:The Teacher said, "The mind itself is the embodiment of natural law. Is there anything in the universe that exists independent of the mind? Is there any law apart from the mind?"(亨克)

译文2:The Teacher said, "The mind is principle. Is there any affair in the world outside of the mind? Is there any principle outside of the mind?"(陈荣捷)

译文3:The Master said, "The heart-mind is principle. Is there any affair outside the heart-mind? Is there any principle outside the heart-mind?"

"心即理"既是王阳明人性论的核心思想,也是阳明身心之学的肇始。王阳明的"心即理"不同于朱子学的"性即理",他批判其主客观对立的"心理为二"的世界观,认为仁、义、礼、智是人固有的本性,是发自人们内心的。汉语的"心"是一个人精神能量的汇聚场所和储存空间,是人类灵性的一种表现"概念"。《礼记·大学疏》里说:"总包万虑谓之心,为情所意念谓之意",这里是把"心"指代思索万虑;《管子·内业》说:"灵气在心,一来一逝……心能执静,道将自定。"亨和陈都把"心"英译为"mind",而艾将其英译为"heart-mind",具有心脏和大脑的感性和理性双重的含义。陈和艾把"理"英译为"principle",侧重于"源泉"的内涵,而亨将其英译为"natural law",更具有宗教的味道,这和他的基督徒身份吻合。"natural law"的汉译是"自然法",萌发于古希腊哲学,是指苏格拉底、柏拉图和亚里士多德所谓的永恒不变的标准,主张上帝或超然的来源。三者都用系表结构的陈述句式的"is"来英译"即",点明了"心"和"理"的对等,并无二元对立的差异性。

原文 2：人心之得其正者，即道心；道心之失其正者，即人心。初非有二心也。程子谓"人心即人欲，道心即天理"。

译文 1：When a selfish mind is rectified it is an upright mind; and when an upright mind loses its rightness it becomes a selfish mind. Originally there were not two minds. The philosopher Ch'eng said, "A selfish mind is due to selfish desire; an upright mind is natural law (is true to nature)."（亨克）

译文 2：When the human mind is rectified it is called the moral mind and when the moral mind loses its correctness, it is called the human mind. There were not two minds to start with. When Master Ch'eng I said that the human mind is due to selfish desires while the moral mind is due to the Principle of Nature.（陈荣捷）

译文 3：When the human heart-mind attains its correct state, it is the heart-mind of the Way. When the heart-mind of the Way loses its correct state, it is the human heart-mind, From the very start, there are not two heart-minds. Cheng Yi said, "The human heart-mind is human desire; the heart-mind of the Way is Heavenly principle."（艾文贺）

"道"是中国传统哲学的一个核心概念，阳明学推崇"心即理"，主要指"道心"。从本源的意义上看，中国哲学之"道"的词源上带有动名词性、过程性和能动性。"道"字在中国哲学中，涵盖道（road）、路（path）、方式（way）、方法（method）、言说（to put into words）、解释（to explain）、教导（teachings）、道义（doctrines）、技艺（art）等多重意义，是一个概念群。对中国哲学之"道"的理解，必须要将其放在中国儒学、道学的大背景下展开。因此，在这一句中，三位译者对"心"的英译都一如既往，但三者对"道"的英译有所不同：亨将其译为"upright"，具有基督教的"义"的意蕴，而"因信称义"是基督教神学救赎论学说之一，指因"信仰"得到救赎，是在上帝面前得称为义的必要条件。陈将其译为"moral"，偏重于道德伦理学层面。艾将其译为"the Way"，也是富有基督教的味道，这源于英国传教士亚瑟·韦利（Arthur Waley）使"the Way"成为"道"的英译正统。艾文贺采用归化翻译策略，但这容易导致对"道"的上帝化、超绝化的误解。

此外，亨克在不同的语境中分别将"道"具体翻译成"doctrine""truth"或"path"等。如将"道一而已，古人论道往往不同"译为"Though there is but this one doctrine, yet the doctrinal discussions of the ancients were frequently not alike"。将"道无方体，不可执著"译为"Truth（the path）has no form; it cannot be grasped or felt"等。这些词语尝试从各个不同侧面理解中国之"道"、阳明学之"道"、《传习录》之"道"，体现出译者亨克对阐释中国哲学的努力，但其具体化的做法也阻碍了译文读者对中国之"道"的理解与领悟。可以说，亨克译文中呈现的东西远远超过其所遮蔽的原文中"道"的含义。

（三）"知行合一"的英译

原文：某今说个知行合一，正是对病的药。又不是某凿空独撰。知行本体，原来如此。

译文 1：By saying that knowledge and practice are a unit, I am herewith offering a remedy for the disease. I am not dealing in abstractions, nor imposing my own ideas, for the nature of knowledge and practice is originally as I describe it.（亨克）

译文 2：My present advocacy of the unity of knowledge and action is precisely the medicine for that disease. The doctrine is not my baseless imagination, for it is the original substance of knowledge and action that they are one.（陈荣捷）

译文 3：My current teaching regarding the unity of knowing and acting is a medicine directed precisely at this disease. It is not something I simply conjured up out of thin air; the original state of knowing and acting has always been like this.（艾文贺）

"知行合一"是王阳明在贵阳书院讲学期间针对朱子知先行后而言的，确定了知行之间对等的逻辑关系，王阳明的《年谱》上说："是年先生始论知行合一。始席元山书提督学政，问朱陆同异之辨……举知行本体证之《五经》诸子，渐有省。"王阳明的"知"指知识、理论和意识、意念、意欲等知觉形式。亨克将其译为一个完整的句子"knowledge and practice are a unit"；陈荣捷和艾文贺都是用名词性短语分别表示为"the unity of knowledge and action"和"the unity of knowing and acting"。陈和亨都将英译"知"为"knowledge",更具有学习知识的意思。对于"行",陈将其译为"action",侧重践行之意,而亨将其译为"practice",偏重练习之味,带有"学而时习之"的韵味。艾文贺将"知"和"行"译为"knowing"和"acting",都是使用动名词形式。

(四)"致良知"的英译

原文:又曰:"知是心之本体,心自然会知……然在常人不能无私意障碍,所以须用致知格物之功,胜私复理。即心之良知更无障碍,得以充塞流行,便是致其知。知致则意诚。"

译文 1:Again he said, "Knowledge is native to the mind; the mind naturally is able to know … However, the ordinary man is subject to the obsuration of private aims, so that it is necessary to develop the intuitive faculty to the utmost through investigation of things in order to overcome selfishness and reinstate the rule of natural law. Then the intuitive faculty of the mind will not be subject to obsuration, but having been satiated will function normally. Thus we have a condition in which there is an extension of knowledge. Knowledge having been extended to the utmost, the purpose is sincere."(亨克)

译文 2:He further said, "knowledge is the original substance of the mind. The mind is naturally able to know…However, the ordinary man is not free from the obstruction of selfish ideas. He therefore requires the effort of the extention of knowledge and the investigation of things in order to overcome selfish ideas and restore principle. Then the mind's faculty of innate knowledge will no longer be obscured but will be able to penetrate and operate everywhere. One's knowledge will then be extended. With knowledge extended, one's will becomes sincere."(陈荣捷)

译文 3:The Master also said, "knowing is the original state of the heart-mind. The heart-mind naturally is able to know…Nevertheless, most people are not able to avoid being blocked by selfish thoughts, and so they must engage in the tasks of extending their knowledge and rectifying their thoughts in regard to things in order to overcome selfishness and return to principle. Once their pure knowledge is able to work its way through the obscuration and flow freely, this is extending their knowledge. When their knowledge is extended, their thoughts are made sincere."（艾文贺）

　　"致良知"是阳明学三大理论之一,就训诂而言,是"至极其良知"的意思。"良知"一词出自《孟子》,指"不虑而知"的天赋道德,王阳明借指价值意识及作为价值判断之能力,其意近于明是非、知善恶的道德感、正义感,即今人日常语言中的所谓"良心"。他说:"良知只是个是非之心,是非只是个好恶,只好恶就尽了是非,只是非就尽了万事万变。"他视心中良知为一切价值的总根源,强调良知之外别无天理,人应向内用功,无需外求。王阳明的良知具有内在性和普遍性,他一再强调"致良知"的手段和目的的一致性,批判朱子学在事事物物上寻求道理的"格物知致说"。在南赣平息流民之乱的过程中,王阳明提出"破山中贼易、破心中贼难","良知"二字呼之欲出。他特别强调:"某于良知之说,从百死千难中得来,非是容易见得到此。"所以在王阳明看来,"良知"二字乃是自己一生学术的精义和真谛,这才是真正的"圣人之道",它既在每个人的心中,"不待学而有、不待虑而得",更是在"百死千难"的磨砺中才得以悟出。

　　上面例子中,亨克将"良知"译为"the intuitive faculty",将良知认为是一种凭直觉具有的能力,这与孟子见孺子入井的"良知"具有一定的相似性,突出的是这种内在性。陈荣捷和艾文贺将其分别译为"innate knowledge"和"pure knowledge",两人都使用了"knowledge"来对应知识,对"知"选用了"innate"和"pure"来修饰,突出"良"的特性,这里都更为强调一种普遍性和认识论上的含义,缺少了本体论的意思。同时,把"格物"译为"the investigation of things",把"致知"译为"the extension of knowledge",这与朱子学相关概念的译法是一样的。除此之外,目前"良知"最常见的英译有："intuition""pure knowing""good knowing""original knowledge""innate knowledge of the good""original knowledge""perfect Knowledge""intuitive knowledge""moral Knowledge"和"virtuously refined knowledge"等。可见,

大多译本都是从"良知"一词的构成上来翻译的,因此都侧重为"knowledge",这似乎与阳明的"良知"作为是一个"是非之心"有些区别。其"致良知"也应该是实现或运用自己的是非之心,简单的对应"extend"似乎也没有达到阳明的那个意思,这应该与《大学》的"明明德"具有相似之意,用"realize"或者"apply"更好。

第三节　翻译练习

一、原文

传习录下(节选)

　　先生曰:"我今将行,正要你们来讲破此意。二君之见,正好相资为用,不可各执一边:我这里接人,原有此二种。利根之人,直从本源上悟入,人心本体原是明莹无滞的,原是个未发之中:利根之人一悟本体即是功夫,人己内外一齐俱透了。其次不免有习心在,本体受蔽,故且教在意念上实落为善、去恶,功夫熟后,渣滓去得尽时,本体亦明尽了。汝中之见,是我这里接利根人的:德洪之见,是我这里为其次立法的。二君相取为用,则中人上下皆可引入于道:若各执一边,眼前便有失人,便于道体各有未尽。"既而曰:"已后与朋友讲学,切不可失了我的宗旨。无善、无恶是心之体,有善、有恶是意之动,知善、知恶的是良知,为善、去恶是格物。只依我这话头随人指点,自没病痛,此原是彻上彻下功夫。利根之人,世亦难遇。本体功夫一悟尽透。此颜子、明道所不敢承当,岂可轻易望人。人有习心,不教他在良知上实用为善,去恶功夫,只去悬空想个本体,一切事为俱不着实,不过养成一个虚寂;此个病痛不是小小,不可不早说破。"是日德洪、汝中俱有省。

二、注释

　　这段话是王阳明"四句教"的出处,体现了其关于人性、道德修养和教

育方法的深刻见解,强调了因材施教和实践的重要性。主要包括:

（1）利根:天性伶俐。利根之人,即那些天赋较高、理解力强的人。他们能够直接从本源上悟入,即直接理解并实践道德的本体。这里的"本体"可能指的是人的本性或道德的本质。利根之人一旦悟到本体,就相当于完成了道德修养的功夫。

（2）习心之人:即那些受到后天习惯影响、本性受蔽的人。王阳明建议他们通过实际的善行来去除恶念,逐步达到道德的本体。这需要不断的实践和努力。

（3）教育宗旨:王阳明的"四句教"——"无善、无恶是心之体,有善、有恶是意之动,知善、知恶的是良知,为善、去恶是格物"概括了他对道德修养的基本看法。心之体是纯净无杂质的,意之动则可能包含善恶,良知是识别善恶的能力,格物是通过实践去除恶念的过程。

（4）明道:程颢,字伯淳,世称明道先生。

三、翻译提示

阳明学英译需要了解阳明哲学和道德修养的背景知识,确保翻译时能够准确传达原作的文化内涵和哲学思想。因此,需要对源语信息进行"语境补缺",对译语信息进行"语用充实"。首先,原文中可能包含一些专业术语或特定的哲学概念,如"利根之人""习心""本体""功夫"等,需要找到恰当的对应词汇或进行适当的解释。其次,应注意上下文的连贯性,确保翻译时能够保持原文的逻辑关系和语境。原文的语言风格可能较为古典或正式,翻译时应注意保持这种风格,避免使用过于口语化或非正式的表达。由于原文涉及深层次的哲学讨论,译者应考虑译文读者的背景和知识水平,适当调整语言难度和解释的深度。翻译时要特别注意避免产生误解,确保译文读者能够理解原文的意图和观点。某些概念或表达在英语中没有直接对应的词汇,可以考虑添加注释或解释,帮助译文读者更好地理解,确保原作的深刻含义和哲学思想得到准确和恰当的传达。

参考文献

英文文献：

1. Ames, R. T & D. L. Hall. *Focusing the Familiar A Translation and Philosophical Interpretation of the Zhongyong* [M] . Honolulu: University of Hawai'i Press, 2001.

2. Bary W T, Chaffee J W. *Neo-Confucian Education: The Formative Stage*, [M] . Berkeley: University of California Press, 1989.

3. C. Graham. *Two Chinese Philosophers: The Metaphysics of the Brothers Ch'eng. Foreword by Irene Bloom* [M] . La Salle, Illinois: Open Court, 1992.

4. Ernest Richard Hughes, *The Great Learning & The Mean-In-Action* [M] . New York: E. P. Dutton & Company, Inc., 1943.

5. Gardner Daniel. *Learning to be a Sage: Selections from the Conversations of Master Chu, Arranged Topically* [M] . Berkeley: University of California Press, 1990.

6. Gardner, Daniel K. *The classics during the Sung: Chu Hsi's interpretation of the Ta-hsüeh* [M] . Haward University Dissertation, 1978.

7. Gardner, Daniel K. *The Four Books: The Basic Teachings of the Later Confucian Tradition* [M] . Hackett Publishing, 2007.

8. James Legge. *The Chinese Classics Volume I* [M] . Oxford: the Clarendon Press, 1893.

9. James Legge. *The Chinese Classics: with a Translation, Critical and Exegetical Notes, Prolegomena, and Copious Indexes* [M] . Clarendon

Press(Oxford) , 1861

10. Joseph A Adler. *Introduction to the Study of the Classic of Change, by Chu Hsi [Zhu Xi]* [M]. Provo, Utah: Global Scholarly Publications, 2002.

11. Joseph A Adler. *Reconstructing the Confucian Dao: Zhu Xi's Appropriation of Zhou Dunyi* [M]. State University of New York Press, 2014.

12. Ku, Hung-Ming. Trans. *The Universal Order, or Conduct of Life* [M]. Shanghai: Shanghai Mercury, Ltd., 1906.

13. Philip J. Ivanhoe, Ed.. *Zhu Xi: Selected Writings* [M]. New York, Oxford University Press, 2019.

14. Robert Morrison, *Horace Sincae: Translations from the Popular Literature of the Chinese* [M]. London: C. Stower Hackney, 1812.

15. Samuel Wells Williams: *The Middle Kingdom Volume I* [M]. New York: Charles Scribners Sons, 1883.

16. Victor H. Mair. *The Columbia History of Chinese Literature* [M]. New York, Columbia University, 2001.

17. Wing-tsit Chan ed.. *Chu Hsi and Neo-Confucianism* [M]. Honolulu: University of Hawai'i Press, 1982.

18. Wing-Tsit Chan. *Chu Hsi: Life and Thought* [M]. Hong Kong: Chinese University Press; New York, St. Martin's Press, 1987.

19. Wing-tsit, Chan. *A Source Book in Chinese Philosophy* [M]. Princeton: Princeton University Press, 1963.

20. Wing-tsit, Chan. *Reflections on Things at Hand* [M]. New York: Columbia University Press, 1967.

21. Zhu Xi. Translated and edited by Joseph A. Adler. *The Original Meaning of the Yijing Commentary on the Scripture of Change* [M]. Columbia University Press, 2019.

中文文献：

22. （汉）许慎. 说文解字[M]. 北京：中华书局影印本,1963.

23. （唐）柳宗元. 柳宗元集 第 18 卷［M］. 北京：中华书局,1979.

24. ［美］梅维恒主编,马小悟译.哥伦比亚中国文学史上［M］. 北京：新星出版社,2016.

25. （宋）王应麟撰. 辞学指南［M］. 北京：中华书局,1998.

26. 安乐哲和郝大维著,彭国翔译. 切中伦常——《中庸》的新诠与新译［M］. 北京大学出版社,2011.

27. 蔡慧清. 论朱子学在英语世界的最早传播与研究（上）［J］. 湖南大学学报（社会科学版）,2012 年第 6 期。

28. 陈琦编著. 国学经典英译［M］. 上海：上海外语教育出版社,2019.

29. 陈荣捷. 朱学论集［M］. 上海：华东师范大学出版社,2007.

30. 陈荣捷. 朱子门人［M］. 上海：华东师范大学出版社,2007.

31. 方志远,李伏明著. 治事阳明　一生精神在江右［M］. 江西教育出版社,2020.

32. 黄鸣奋. 二十世纪英语世界中国古代戏剧之传播［J］. 戏曲研究,1998 年第 1 期。

33. 贾祥伦. 中国散文美学发凡［M］. 济南：山东友谊出版社,1997.

34. 赖文斌. 元杂剧《赵氏孤儿》在十八世纪英国的译介与传播［J］. 四川戏剧,2016 年第 6 期。

35. 赖文斌. 朱子学在英语世界的首次翻译：以《中国丛报》为中心［J］. 上海翻译,2016 年第 3 期。

36. 赖文斌. 19 世纪朱子学在英语世界的译介考略［J］. 中国文化研究,2019 年第 4 期。

37. 黎昕主编. 朱子学说与闽学发展［C］. 北京：中国社会科学文献出版社,2015.

38. 李翔海. 现代新儒学论要［M］. 天津：南开大学出版社,2010.

39. 李正栓,王燕主编. 典籍英译简明教程［M］. 上海：上海交通大学出版社,2016.

40. 林煌天. 中国翻译词典［C］. 武汉：湖北教育出版社,2005.

41. 林金水. 福建对外交流史［M］. 福州：福建教育出版社,1997.

42. 林语堂. 生活的艺术［M］. 北京：外语教学与研究出版社,1998.

43. 刘华文. 汉语典籍英译研究导引［M］. 南京：南京大学出版社,2013.

44. 刘麟生. 中国骈文史［M］. 北京：商务印书馆,1998.

45. 罗经国译. 古文观止［M］. 北京：外语教学与研究出版社,2006.

46. 马祖毅,任荣珍. 汉籍外译史（修订本）［M］. 武汉：湖北教育出版社,2003.

47. 马祖毅,任荣珍著. 汉籍外译史［M］. 武汉：湖北教育出版社, 2003.

48. 莫道才. 骈文观止［M］. 北京：文化艺术出版社,1997.

49. 莫道才. 骈文名称的演变与骈文的界说［J］. 广西师范大学学报（哲学社会科学版）,1991 年第 4 期。

50. 潘文国. 中籍英译通论（上、下）［M］. 上海：华东师范大学出版社 2021.

51. 彭国翔. 近三十年（1980—2010）英语世界的朱子研究——概况、趋势及意义［J］. 湖南大学学报（社会科学版）,2012 年第 1 期。

52. 钱林森. 纪君祥的《赵氏孤儿》与伏尔泰的《中国孤儿》［J］. 文艺研究,1988 年第 2 期。

53. 汪榕培,王宏主编. 中国典籍英译教程［M］. 上海：上海外语教育出版社,2009.

54. 汪榕培. 比较与翻译［M］. 上海：上海外语教育出版社,1997.

55. 王国维. 王国维文学论著三种［M］. 芜湖：安徽师范大学出版社,2014.

56. 王宏印编著. 中国文化典籍英译［M］. 北京：外语教育与研究出版社,2009.

57. 王宏印著译.《画语录》注译及石涛画论研究［M］. 北京：北京图书馆出版社,2007.

58. 谢宁. 还原朱子学研究的重要性——陈来访谈录［J］. 博览群书,2010 年第 10 期。

59. 徐公喜,郭文. 论"何谓朱子学"——一种可能的阐发途径［J］. 中国哲学史,2017 年第 1 期。

60. 严佐之. 构建"整体、通贯的朱子学"研究文献大平台［N］. 中国社会科学报,2014－09－10（B05）.

61. 杨自俭. 对比语篇学与汉语典籍英译[J]. 外语与外语教学,2005 年第 7 期。

62. 张国俊. 中国艺术散文论稿[M]. 北京：中国社会科学出版社,2004.

63. 张恒军. 在文明交流互鉴中构建中华文化国际传播新格局[J]. 对外传播,2022 年第 9 期。

64. 张西平. 欧洲早期汉学史[M]. 北京：中华书局,2009.

65. 赵义山,李修生主编. 中国分体文学史散文卷 第 3 版[M]. 上海：上海古籍出版社,2014.

66. 朱人求. 东亚朱子学研究的新课题[J]. 福州大学学报(哲学社会科学版),2014 年第 2 期。